DAILY
法学選書

デイリー法学選書編修委員会［編］

働き方

新しい
労働基準法
のしくみ

ROUDOUKIJUNHOU

三省堂

はじめに

　深刻な少子・高齢化が進むわが国において、2017年版「厚生労働白書」によると、2020年に約6500万人いる労働人口が、2030年には約6300万人に減少し、その減少傾向は継続していく見通しが示されています。一方で、長時間労働の是正は、長年にわたる重要な課題です。非正規雇用労働者や外国人労働者の増加など、多様な働き方のルールを明確化するとともに、労働時間や賃金をはじめ、さまざまな事情を抱える労働者が、働きやすい環境をいかに整えるのかが、今後の労働力確保のためのカギになります。

　そのため、事業者・労働者ともに、最低限度の労働条件を定めた労働基準法について、きちんと理解しておく必要があります。

　本書では、労働基準法を中心に、労働法に関する基本的な知識と、必要な手続きについて知識のない人でも読めるように解説することを心がけました。時間外労働の上限や、パートタイム労働者や短時間労働者への不合理な待遇の禁止など、多くの人に影響を与える、2018年成立の働き方改革法の内容にも対応しています。

　本書は、募集・採用・労働契約からはじまって、労働時間、賃金、休日・休暇・休業、退職、解雇の問題まで労働基準法の基本と実務的な重要問題を網羅的に取り扱っています。また、働き方改革法で新設された特定高度専門業務・成果型労働制（高度プロフェッショナル制度）や、近年問題になっている、ストレスチェック、セクハラ、パワハラ、過労死などの安全衛生の問題や、配置転換、出向、非正規雇用、労働組合、労働基準監督署の調査や労働審判など、労働トラブルの解決法なども取り上げています。

　本書を広く、皆様のお役に立てていただければ幸いです。

デイリー法学選書編修委員会

Contents

はじめに

第1章　労働者を守るルールのいろいろ

図解 労働法の全体像	10
図解 働き方改革法の具体的な内容	12
1　労働基準法	14
2　労働者と使用者の関係	18
3　労働契約法	20
4　就業規則の記載事項	22
5　就業規則の手続きと不利益変更	26
書式　就業規則変更届	28
書式　意見書	29
6　労働協約と労使協定	30
7　社会保険と労働保険	32
Column　パートタイム労働者と税金・保険	36

第2章　募集・採用・労働契約

1　労働者の募集・採用	38
2　労働契約を締結するときの注意点	40
書式　労働条件通知書	44
3　契約期間の定め	46
4　有期労働者から無期労働者への転換	48

5	内定と内定取消し	50
6	採用時の手続き、提出書類	52
7	試用期間	56
Column	業務委託、請負と雇用の違い	58

第3章　労働時間

1	労働時間のルールと管理	60
2	休憩時間	62
3	労働時間、休憩・休日の適用除外（管理監督者など）	64
4	勤務間インターバル制度	66
5	変形労働時間制	70
6	1か月単位の変形労働時間制	72
7	1年単位の変形労働時間制	74
8	フレックスタイム制	76
9	事業場外みなし労働時間制	78
10	専門業務型裁量労働制	80
11	企画業務型裁量労働制	82
12	特定高度専門業務・成果型労働制（高プロ制度）	84
13	子育て期間中の労働時間の配慮	86
14	短時間正社員制度	88
15	在宅勤務制	90
16	未成年者の労働時間	92
Column	副業と禁止規定	94

第4章 賃　金

1 賃　金 　96
2 割増賃金 　100
3 固定残業代 　104
4 三六協定 　106
　　書式　三六協定 　109
5 未払い残業代請求訴訟 　110
6 出来高払い制 　112
7 欠勤・遅刻・早退の場合の取扱い 　114
8 賞与や退職金の扱い 　116
Column　倒産時の賃金の取扱い 　118

第5章　休日・休暇・休業

1 休日と休暇の違い 　120
2 年次有給休暇 　124
3 時間単位の年次有給休暇 　128
4 年休の計画的付与、時季の指定や変更 　130
5 休　職 　134
6 休業手当 　138
7 平均賃金 　140
8 妊娠中や産前産後の保護制度 　142
9 育児休業 　144
10 介護休業と介護休暇 　148
Column　賃金の非常時払いと前払い 　152

第6章　退職・解雇

1. 労働者の退職 …… 154
2. 解雇の種類 …… 156
3. 解雇が制限される場合 …… 158
4. 解雇や退職の手続き …… 160
5. 普通解雇 …… 162
6. 懲戒処分の種類と制約 …… 164
7. 懲戒解雇 …… 166
8. 整理解雇 …… 168
   Column　内部告発 …… 170

第7章　安全衛生・労災

1. 安全衛生管理体制 …… 172
2. 健康診断 …… 174
3. ストレスチェック …… 176
4. セクハラ …… 178
5. パワハラ …… 180
6. 過労死 …… 182
7. 労働災害の種類 …… 184
8. 労災認定 …… 186
9. 労働災害に対する保険給付 …… 188
   Column　安全配慮義務 …… 190

第8章　配置転換・出向・非正規雇用

1	労働者の人事異動	192
2	出向と転籍	194
3	継続雇用制度	196
4	外国人雇用	198
5	有期雇用労働者の採用手続き	200
6	有期雇用労働者の契約更新と雇止め	204
7	労働者派遣	206
8	派遣先事業主の注意点	210
Column　障害者雇用		212

第9章　労働トラブル

1	労働基準監督署の調査	214
2	労働トラブルの解決法	218
3	労働組合との交渉	222

第1章
労働者を守るルールのいろいろ

図解 労働法の全体像

● 労働法の基本的な法律関係

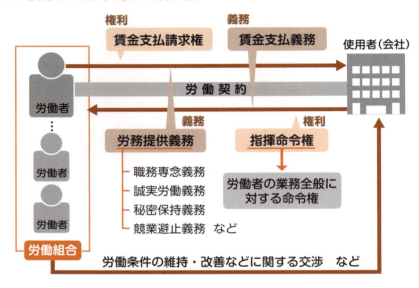

● 労働契約に適用されるルール

法的効力 強→弱

労働基準法などの法令
【例外】労使協定
 ⇒ 労働基準法などの規制を緩和（事業場の労働者全体が対象）

労働協約
労働組合と使用者との間の労働条件などに関する合意

就業規則
使用者が定めた労働者の労働条件や服務規律

個別の労働契約の内容
労働条件に関する個別の労働者・使用者間の合意

● おもな労働法の体系

	名称	主な内容
労使間の関係を規律する法律	労働基準法	賃金・労働時間・休日など基本的な労働条件の最低基準を定めた法律
	最低賃金法	労働者の生活安定のために賃金の最低額を保障するための法律
	労働安全衛生法	労働者の安全・健康の確保と、快適な職場環境づくりのための法律
	男女雇用機会均等法	労働者の募集・採用・配置・昇進などについて、性別に基づく差別を禁止するための法律
	育児・介護休業法	労働者が育児や介護を行いながら働き続けるための必要な支援について定めた法律
	パートタイム・有期雇用労働法	正規雇用労働者（正社員）と非正規雇用労働者（パートタイム労働者や有期雇用労働者）との間の不合理な待遇の違いなどを禁止するための法律
労働組合に関する法律	労働組合法	労働者の権利を守るための労働組合の活動について定めた法律
	労働関係調整法	労働争議の予防や具体的な解決方法について定めた法律
雇用政策に関係する法律	職業安定法	公共職業安定所（ハローワーク）などによる労働者の雇用機会の確保について定めた法律
	労働者派遣法	派遣労働者の労働条件などについて定めた法律
	雇用対策法	労働者の安定した雇用のために国が行うべき施策などについて定めた法律
	雇用保険法	労働者が失業した場合の給付などに関する法律
	障害者雇用促進法	障害者の雇用の確保や適切な待遇について定めた法律
	高年齢者雇用安定法	高年齢者の安定した雇用確保について定めた法律
	労働者災害補償保険法	労働者の業務上のケガや病気などに対する補償について定めた法律
紛争解決のための法律	個別労働関係紛争解決促進法	個別の労働者と使用者との間の紛争解決をあっせんするための制度について定めた法律
	労働審判法	個別の労働者と使用者との間の紛争解決のための審判手続きなどについて定めた法律
	働き方改革法	長時間労働の是正、多様で柔軟な働き方の実現、公正な待遇の確保などを目的とした一連の法改正

図解 働き方改革法の具体的な内容

働き方改革法（働き方改革を推進するための関係法律の整備に関する法律）
- 2018年6月29日成立⇒同年7月6日公布
- 施行日：規定内容に応じて段階的に施行
　　　　【2018年7月6日・2019年4月1日・2020年4月1日】

働き方改革法とは？

　育児・介護・病気・ケガなど、さまざまな事情をかかえる労働者が、それぞれのライフスタイルに合わせて働くことができる社会の実現をめざして行われた一連の法改正である。従来から問題視されてきた労働時間に関する制度の見直しなども行われている。

　働き方改革法の骨子として、①労働者の長時間労働の是正（労働者の健康や休息の確保につなげる）、②多様な働き方の実現（高度プロフェッショナル制度の導入など）、③雇用形態にかかわらない公正な待遇の確保（不合理な待遇差の解消をめざす）が挙げられる。

　働き方改革法は、それ自体が独立した法律なのではなく、たとえば「労働基準法第○○条を次のように改正する」というように、約30もの労働関係の法律を改正することを示した法律である。おもな内容については、以下のようになっている。

ポイント1　長時間労働の是正

★施行日：2019年4月1日（中小企業に関しては例外的な取扱い）★

労働基準法、労働安全衛生法などの改正

労働時間などに関する改正

① 時間外労働の上限の明文化
　⇒〔原則〕：<u>1か月につき45時間、1年につき360時間</u>
　　　　　　（特別な事情がある場合でも1年につき720時間などの上限を設定）
② 中小企業にも月60時間超の割増賃金率が適用される
　⇒1か月につき60時間を超えた時間外労働に対する「50％」の割増賃金率が中小企業にも適用される（2023年4月1日施行）
③ 使用者が付与すべき年次有給休暇の日数が10日以上の労働者に対し、時季を指定して5日の年次有給休暇を付与する義務を負う

ポイント2　多様な働き方の実現

★施行日：2019年4月1日（中小企業に関しては例外的な取扱い）★
労働安全衛生法、労働時間等設定改善法などの改正

フレックスタイム制に関する改正
⇒ 清算期間の上限を1か月から「3か月」に延長する

特定高度専門業務・成果型労働制（高度プロフェッショナル制度）の創設
⇒ 年収が少なくとも1000万円以上で、職務範囲が明確な高度な専門知識を要する業務に従事する労働者につき、成果に応じた報酬制を導入
∴労働時間・休日労働・深夜労働に関する制限を適用しないことを認める

勤務間インターバル制度の促進
⇒ 会社（事業主）は、終業時間から翌日の始業時間までの休息時間の確保に努める義務を負う

産業医などの権限の強化
⇒ 労働者の健康を確保するため、会社（事業者）から産業医への情報提供義務を課すなど、産業医・産業保健機能が強化

ポイント3　雇用形態にかかわらない公正な待遇の確保

★施行日：2020年4月1日（中小企業に関しては例外的な取扱い）★
パートタイム労働法、労働契約法、労働者派遣法の改正

短時間労働者や有期雇用労働者に対する不合理な待遇差の禁止
⇒ 正社員（正規雇用労働者）と比べて賃金その他の点で格差が設けられるおそれが高い短時間労働者（パートタイム労働者）や有期雇用労働者について、正社員との不合理な待遇差を禁止
∴パートタイム労働法に有期雇用労働者が適用対象に追加

> パートタイム・有期雇用労働法（短時間労働者及び有期雇用労働者の雇用管理の改善等に関する法律）に名称が変更

有期雇用労働者に関する正社員との均等な待遇の確保
⇒ 会社（事業主）は、正社員と職務内容やその変更の範囲などが同一の有期雇用労働者に対して、均等な待遇を確保する義務を負う

待遇に関する説明義務について
⇒ 短時間労働者・有期雇用労働者・派遣労働者について、正社員との待遇差について、会社はその内容や理由などを説明する義務を負う

1 労働基準法

労働基準法はどんな法律なのか

　労働者は、会社に雇用されることで仕事に就くことができ、仕事の対価として生活に必要な賃金の支払いを受ける立場にあります。そのため、会社に対して、とくに賃金などの労働条件について強く主張することは実際には難しい状況です。

　そこで、労働者が劣悪な労働条件の下に置かれず、人間らしい生活を送ることができるように保護する必要があります。そのための労働条件の最低基準を定めた法律が**労働基準法**です。

　労働基準法は、「労働三法」（労働基準法、労働組合法、労働関係調整法の総称）のひとつで、労働条件に関する最も基本となる法律です。労働基準法が定めた労働条件は、職種や国籍を問わず、原則として日本国内のすべての会社や労働者に適用されます。日本国内にいれば、外国人が経営する会社や外国人の労働者にも、原則として労働基準法が適用されます。

おもな規定内容

　労働基準法は14の章から構成されている法律で、労働者の労働条件の最低基準を示すことを目的にしています。以下では、労働基準法の体系に沿って、おもな規定内容を見ていきましょう。

　第1章は「総則」として、労働者に対する均等待遇の保障や強制労働の禁止など、労使関係の基本原則を確認しています。

　第2章は「労働契約」について規定しており、とくに労働条件に関して、労働契約の期間、就業場所、始業・終業時間、休憩時間、休日、賃金などの重要な労働条件に関する事項は、会社が労働者に文書で明

● 労働基準法の規定内容

憲法27条2項 「労働条件に関する基準は法律で定める」と規定

労働基準法 ⇒ 労働条件に関するさまざまな規定を置いている

体系

第1章 総則	第5章 安全及び衛生	第9章 就業規則
第2章 労働契約	第6章 年少者	第10章 寄宿舎
第3章 賃金	第6章の2 妊産婦等	第11章 監督機関
第4章 労働時間、休憩、休日、年次有給休暇	第7章 技能者の養成	第12章 雑則
	第8章 災害補償	第13章 罰則

示することを義務づけている点が重要です。

第3章は労働者にとって重要な「賃金」に関して、賃金支払いの5原則をはじめ、労働者に賃金が確実・平等に支払われるために必要なルールが規定されています。

第4章は「労働時間・休憩、休日、年次有給休暇」について規定しています。とくに労働者の長時間労働の抑止を目的として、法定労働時間、時間外・休日労働に関する三六協定の締結、割増賃金、年次有給休暇の日数など、重要な規定が並んでいます。

第5章から第7章は「年少者、妊産婦、技能習得中の者」など、とくに配慮が必要な労働者を保護する規定が置かれています。第8章は「災害補償」として、労働者が業務上負傷やケガをした場合の各種補償について規定しています。

第9章は、職場のルールとして労働者にとって重要である「就業規則」について、作成義務を負う会社や就業規則に定めるべき事項、届出先などの作成手続きについて規定しています。

第10章以下は、労働者の寄宿舎、労働基準監督官などの監督機関、

労働基準法違反に対する罰則などを規定しています。

最低基準に達しない労働条件の効力

　労働基準法が定める最低基準に達しない労働条件を定めた就業規則や労働契約などは、その達しない部分が無効となり、労働基準法が定める最低基準が適用されます。たとえば、ある会社が就業規則で時間外労働に対する割増賃金率を115％と定めていたが、それ以外の労働条件は最低基準に達していた場合、就業規則のうち割増賃金率を115％とする部分のみを無効とし、労働基準法により、強制的に割増賃金率の最低基準である125％に引き上げられます。

労働基準法に違反した場合は罰則がある

　労働基準法に違反した場合、その違反する労働契約や就業規則などが無効になることの他に、罰則の適用があります。労働基準法の規定は、原則として「使用者」に最低基準を守るように命令しているため、労働基準法に違反した場合の罰則も「使用者」に科せられるのが原則です。労働基準法の「使用者」には、①事業主（おもに会社）、②事業の経営担当者（会社の役員）、③事業の労働者に関する事項について事業主のために行為をする者（部長や課長など）が含まれます。このうち、②・③に該当する使用者に対して罰則を適用するのが原則です。

　しかし、労働基準法では、②・③の使用者に罰則を適用する場合には、事業主である会社にも罰則（罰金に限ります）を適用することにしています。これを**両罰規定**といいます。②・③の使用者の行為により利益を受けている会社が、罰則という不利益を受けないとするのは不合理だからです。ただし、会社の代表者が、違反行為の防止に必要な措置を講じていた場合、罰則を免れます。

　労働基準法違反に対する罰則には、刑務所に収容して所定の作業を行わせる懲役と、金銭を支払わせる罰金があります。たとえば、暴行・

● 労働基準法が定めるおもな罰則

1年以上10年以下の懲役または20万円以上300万円以下の罰金	
強制労働の禁止（5条）	強制的に働かせた場合
1年以下の懲役または50万円以下の罰金	
中間搾取の排除（6条）	ピンハネをした場合
最低年齢（56条）	児童を働かせた場合
6ヵ月以下の懲役または30万円以下の罰金	
均等待遇（3条）	差別的な待遇をした場合
男女同一賃金の原則（4条）	男女で賃金に差をつけた場合
解雇の予告（20条）	予告をせず即時に解雇した場合
労働時間（32条）	法定労働時間を超えた場合
時間外・休日・深夜の割増賃金（37条）	割増賃金を支払わない場合
30万円以下の罰金	
労働条件の明示（15条）	書面による明示をしない場合
賃金の支払（24条）	賃金支払いの5原則（P.97）に反した場合
就業規則の作成・届出の義務（89条）	届出をしない場合

脅迫などの手段を用いて、労働者の意思に反する労働を強制した場合には、強制労働の禁止（6条）に違反し、1年以上10年以下の懲役または20万円以上300万円以下の罰金が科せられます。また、使用者が三六協定の届出をしていないのに、1日8時間・1週40時間という法定労働時間を超える労働をさせた場合には、労働時間の規制（32条）に違反し、6か月以下の懲役または30万円以下の罰金が科されます。

なお、会社が解雇予告手当や割増賃金を支払わない場合、過去2年分に遡って未払金の支払義務を負いますが、これに関する紛争が裁判にまで及ぶと、裁判所が未払金に加えて、これを同一額の<u>付加金</u>の支払いを命じることがあります。

2 労働者と使用者の関係

労働基準法が適用される事業とは

　１人でも労働者を使用している事業であれば、その事業の種類を問わず、労働基準法が適用されます。**事業**とは、一定の場所において継続的に行われる経済活動を意味すると考えてよいでしょう。

　労働基準法は、会社単位ではなく、会社の工場・事務所・支店・営業所・店舗など、事業が行われる一定の場所である**事業場**を単位として適用するのが原則です。たとえば、三六協定は事業場ごとに締結し、それぞれの事業場を所轄する労働基準監督署長に届け出ることが義務づけられています。

　そして、日本の法令は日本国内において適用されるのが原則なので（属地主義）、日本国内にある外国人経営の会社にも労働基準法が適用されます。外国人労働者も日本国内の事業に使用されている限り、不法就労者であっても労働基準法が適用されます。

　一方、海外に支店や出張所を設けている場合など、事業場が日本国外にある場合には、日本人経営の会社であっても、その事業に使用される労働者には労働基準法が適用されないのが原則です。

　以上に対し、同居の親族だけを使用する事業や家事使用人に対しては、労働基準法が適用されません。同居の親族だけを使用する事業とは、個人事業主である父親が同居する子どもだけを従業員として使用する場合や、個人事務所の弁護士がその妻を助手として雇用するような場合をさします。家事使用人とは、個人の家庭で家事全般をする者をいい、家政婦（夫）などがあてはまります。ただし、家政婦紹介所に雇われ、その指揮命令で家事業務をする者は「労働者」として労働基準法が適用されます。

● 労働者と使用者の関係

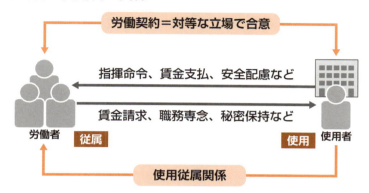

労働基準法が定める労働者とは

労働者とは、事業に使用され（使用従属関係）、その対価として賃金の支払いを受ける者をさします。正社員に限らず、契約社員やパートなども労働者に含まれます。しかし、会社の代表者や取締役など、使用者に従属しない者は労働者に含まれません。

労働者の権利としては賃金支払請求権などがあり、義務としては職務専念義務や秘密保持義務などがあります。

労働基準法が定める使用者とは

使用者とは、①事業主、②事業の経営担当者、③事業の労働者に関する事項について事業主のために行為をする者をさします。①は個人企業であれば個人事業主、法人企業（おもに会社）であれば法人自体をさします。②は法人の代表者や取締役などの役員をさします。③に関しては、実際の現場で指揮を執る部長や課長などが該当します。なお、③に該当する者は、場面によっては、労働者に該当することもあるのが特徴です。

使用者の権利としては指揮命令権や業務命令権があり、義務としては賃金支払義務や安全配慮義務などがあります。

3 労働契約法

労働契約法とはどのような法律なのか

　労働基準法は、使用者に最低基準を守るよう命令する法律で、労使間（労働者と使用者との間のこと）の紛争を解決するための基準を直接には示していません。かつては民法が定める権利濫用（1条3項）や公序良俗（90条）などを根拠に、労使間の紛争を解決していました。しかし、就労形態の多様化や複雑化により、労使間の紛争が増加していることから、それを解決するための基本ルールを示した法律を制定する必要が生じてきました。

　そうした状況の中、労働契約に関する基本ルールを示した法律として**労働契約法**が制定され、2008年から施行されています。労働契約法は、労働契約の成立・変更・終了の各段階において生じる問題を解決するための基準を示しています。

どんなことを規定しているのか

　労働契約法は、労働者が使用者に使用されて労働し、使用者がこれに賃金を支払うことにつき、労使間で合意した時に労働契約が成立すると定めています。労働基準法と異なり、労働契約法が定める使用者は「事業主」のみをさします。

　このような労働契約の締結における原則として、対等の立場での合意、仕事と生活の調和への配慮、信義誠実の原則、権利濫用の禁止などを定めています。ここで「対等の立場での合意」は、労働契約の締結・変更は、労使間の合意に基づき、対等の立場で行うべきとする原則です。たとえば、使用者が労働者を脅して労働者に不利な労働条件で労働契約を締結させることや、使用者が一方的に労働契約を変更す

● **労働契約法の位置づけ**

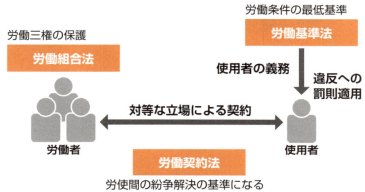

ることなどが禁止されます。「仕事と生活の調和」は、ワーク・ライフ・バランスともいい、労働者が責任を持って仕事に従事するとともに、仕事以外の生活も充実できることをめざす取り組みです。たとえば、仕事と育児を両立して働く場合や、仕事と地域活動を両立して働く場合など、労働者が公私のバランスがとれた生活を維持できる働き方をめざすことです。

さらに、労働契約の成立・変更に関連して、使用者が労働者に労働契約の内容を周知することや、労働者にできる限り労働条件を記載した書面を交付することを定めています。

労働契約法では、就業規則についても定められています。労働契約を締結する際に、会社の就業規則に定められた労働条件があり、それが労働者に周知されている場合には、就業規則に記載された労働条件を、労働契約における労働条件とすることができます。ただし、就業規則に定める労働条件の基準に達しない労働契約を締結した場合、その部分は無効となり、就業規則に定めた基準が労働契約の内容となります。

その他、有期労働者に関する無期労働契約への転換（無期転換ルール）、解雇権濫用法理、雇止め法理などを定めています。

4 就業規則の記載事項

就業規則はなぜ必要なのか

　就業規則とは、使用者が定めた、労働者の労働条件や服務規律などの具体的な内容をさします。服務規律とは、労働者が業務を遂行する上で守るべきルールのことです。使用者が「就業規則」という名称を使っていなくても、労働条件や服務規律などに関するルールであれば、労働基準法の就業規則に関する規定が適用されます。たとえば、服務規程・賃金規程・退職金規程など、特定の事項を就業規則の本体とは別に定めることがありますが、これらの規程も就業規則に含まれるので、労働基準法の規定が及びます。

　労働基準法は、常時10名以上の労働者を使用する使用者に対して、就業規則の作成・届出を義務づけています。一時的に10人未満であっても、通常使用する労働者が10人以上であれば「常時10人以上」になるため、就業規則の作成・届出の義務を負います。

　これに対し、常時10人満の労働者を使用する使用者は、就業規則の作成・届出の義務がありません。しかし、労務管理上は、就業規則を定めておく方が有用との認識は、労働者の人数によって変わりません。それに加えて、労働者に対し懲戒処分を行うときは就業規則の根拠が必要である点からも、労働者の人数に関係なく、多くの企業で就業規則が作成されています。

　このような就業規則の役割として、①使用者の恣意的な雇用の防止、②定型化された労働契約の条項の2つが挙げられます。

① 使用者の恣意的な雇用の防止

　本来、労働契約は労使間（労働者と使用者の間のこと）が対等な立場で締結しますが、労働者は使用者から仕事を与えられ、賃金の支払

● **就業規則の必要性** ……………………………………………

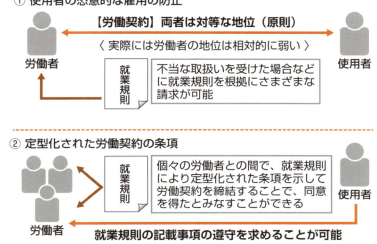

いを受けるという弱い立場にあります。使用者による減給や解雇などにより、賃金の減額や失業のリスクがある労働者は、使用者と対等な立場で交渉するのは困難で、労働契約の内容が使用者本位に定められているおそれがあります。

しかし、就業規則が定められ、あらかじめ労働者に明示されることによって、労働者は労働契約の内容を把握することができます。具体的な労働条件や服務規律が明示されているため、就業規則のルールとは異なる基準によって不当な取扱いを受けたと考える労働者は、就業規則を根拠として、使用者に対しさまざまな請求をすることが可能になります。

② 定型化された労働契約の条項

労働契約は契約のひとつである以上、労使間で話し合い、両者が合意した上で契約の内容を決定することができます。つまり、使用者は、個々の労働者ごとに、異なる労働条件に基づく労働契約を締結することも可能なのです。しかし、企業が労働者を使用する場合、とくに大

企業では労働者が多数にのぼります。その際、労働者ごとに交渉を重ねて、異なる労働条件の労働契約を締結するとなれば、使用者は多大な時間や手間がかかることになりかねません。さらに、労働条件が労働者ごとに異なれば、多数の労働者を公平・統一的に管理することができず、事業の運営に大きな支障になるおそれがあります。

　そこで、あらかじめ就業規則を作成し、その定型化された条項を示した上で、労働者との間で労働契約を締結することにより、原則として、労働者が就業規則で定めた条項に同意したものとみなすことができます。これにより、労働契約を締結する際に、個別の労働条件を交渉する手間を省くことができ、迅速な労働契約の締結が可能です。そして、使用者は、就業規則を根拠に、就業規則の各条項の遵守を労働者に要求することができます。

就業規則は労働者への周知が必要である

　就業規則は、使用者が労働者を管理する上で有益なものであるとともに、労働者にとっても自ら遵守すべき労働条件や服務規律などが明記された重要なルールです。

　このように、就業規則は労働者にとって重要であるため、就業規則により労働者を拘束する条件として、就業規則の作成・届出だけでなく、就業規則を労働者に周知することを使用者に義務づけています。したがって、労働者に周知されていない就業規則は効力が発生せず、労働者を拘束しません。

　周知の方法として、①事業場の見やすい場所に掲示する方法、②労働者がいつでも確認可能な状態にして事業場に備え付けておく方法、③就業規則を書面化して労働者に配布する方法、④就業規則の内容をいつでも確認できるパソコンなどを事業場に設置する方法などが認められています。

就業規則の記載事項について

就業規則に記載する事項は、①絶対的必要記載事項、②相対的必要記載事項、③任意的記載事項に区別されます。それぞれの記載事項について見ていきましょう。

① 絶対的必要記載事項

絶対的必要記載事項とは、就業規則に必ず記載しなければならない事項をいいます。絶対的必要記載事項に関する記載を1つでも欠いている就業規則は、その効力が発生しません。

絶対的必要記載事項には、労働者にとって重要な労働条件に関する事項が含まれます。具体的には、始業・終業の時刻、休憩時間、休日（法定休日など）、休暇（年次有給休暇など）、賃金（臨時の賃金等を除きます）、昇給、退職（解雇事由を含みます）に関する事項などが絶対的必要記載事項にあたります。

② 相対的必要記載事項

相対的必要記載事項とは、必ず記載しなければならない事項ではないが、使用者がとくに制度として定める場合に、就業規則への記載が義務づけられる事項をいいます。

具体的には、退職手当、臨時の賃金等（賞与などのこと）、最低賃金額、食費・作業用品などの負担、職業訓練、安全衛生、災害補償、表彰、制裁（懲戒処分）に関する事項などが相対的必要記載事項にあたります。とくに制裁に関する事項は、定めておかないと労働者に懲戒処分を行えなくなります。

③ 任意的記載事項

上記2つのどれにも該当しない事項のことを**任意的記載事項**といいます。服務規律はその内容によっては任意的記載事項にあたります。任意的記載事項については、就業規則で定めるかどうかは使用者の自由であって、不合理なものでない限り、比較的広く就業規則に定めを置くことができます。

5 就業規則の手続きと不利益変更

就業規則の作成手続き

　就業規則を作成する際には、労働基準法が定める手続きを経ることが必要です。具体的には、就業規則を作成し、労働者側からの意見を聴取した上で、作成した就業規則を事業場の所轄労働基準監督署長に届け出ることが必要です。

　労働者側からの意見聴取は、事業場の労働者の過半数を代表する労働組合（過半数組合）から意見を聴取します。過半数組合がない場合は、事業場の労働者の過半数を代表する者（過半数代表者）から意見を聴取します。

　もっとも、労働基準法は労働者側からの意見聴取を要求しているだけで、労働者側の意見に沿った就業規則の作成を使用者に義務づけてはいません。使用者側としては、意見聴取の手続きを省略することはできませんが、作成する就業規則の内容について、労働者側の同意を得なくてもよいことになります。

どんな書類を提出するのか

　常時10人以上の労働者を使用する使用者は、作成した就業規則を所轄労働基準監督署長に届け出ることが必要です。原則として事業場の住所を管轄するハローワークが届出先になります。その際に、意見聴取の手続きを経て作成したことを証明するため、就業規則に関する労働者側の意見書を添付しなければなりません。

就業規則の変更はできるのか

　就業規則は、作成の場合と同じ手続きによって、その内容を変更す

● 就業規則の不利益変更の判断基準

労働者の同意なき就業規則の不利益変更は、就業規則の変更手続きに加えて、労働者への周知と「合理的な理由」が必要である。

「合理的な理由」のおもな判断基準
①就業規則の変更によって被る労働者の不利益の程度
②労働条件を変更する必要性
③労働組合などとの交渉状況
④変更後の就業規則の内容の相当性

ることができます。つまり、変更した就業規則について労働者側の意見聴取を行い、労働者側の意見書を添付し、変更した就業規則を事業場の所轄労働基準監督署長に届け出ます。労働者側の同意は不要です。届出後は労働者への周知を必ず行います。

　もっとも、いったん作成された就業規則は、個々の労働者の労働契約の内容に取り込まれています。そのため、労働契約のうち重要な労働条件に関して、労働契約法9条では、「使用者は、労働者と合意することなく、就業規則を変更することにより、労働者の不利益に労働契約の内容である労働条件を変更することはできない。」と定めています。したがって、就業規則を変更して賃金水準を引き下げるなど、労働条件の不利益変更をするときは、個々の労働者の同意を得なければならないのが原則です。

　しかし、労働条件の不利益変更につき、就業規則の変更後の内容を労働者に周知する他、合理的な理由がある場合は、例外的に個々の労働者の同意が不要になります（労働契約法10条）。合理的な理由の判断については、①就業規則の変更で労働者が著しい不利益を被らないことが重要な判断要素です。その他、②労働条件を変更する必要性、③労働組合などとの交渉状況、④変更後の就業規則の内容の相当性も判断要素になります。

書式 就業規則変更届

就業規則（変更）届

【ポイント①】
新しく就業規則を作成した場合は、二重線で消去する

〇〇〇〇年〇〇月〇〇日

〇〇　労働基準監督署長　殿

今回、別添のとおり当社の就業規則を制定・変更（〇で囲む）いたしましたので、意見書を添えて提出します。

主な変更事項

条文	改正前	改正後
第〇条	1日の勤務時間は、8時間であり、 始業時刻　8時00分 終業時刻　17時00分とする。 （1時間の休憩時間を含む）	1日の勤務時間は、7時間であり、 始業時刻　8時00分 終業時刻　15時45分とする。 （45分間の休憩時間を含む）

【ポイント②】
変更前後の内容を記載する必要がある

労働保険番号	都道府県	所轄	管轄	基幹番号	枝番号	被一括事業番号
	0 0	0 0	0 0	0 0 0 0 0 0	0 0 0	0 0 0 0

ふりがな 事業場名	かぶしきがいしゃ〇〇　△△してん 株式会社　〇〇　△△支店
所在地	〇〇県〇〇市〇〇区〇〇丁目〇番〇号　TEL 00-0000-0000
使用者職氏名	代表取締役　□□　□□　　㊞
業種・労働者数	生産用機械器具製造業　企業全体　20人／事業場のみ　5人

【ポイント③】
使用者の押印は職印（職名入りの印）を用いる

［前回届出から名称変更があれば
　旧名称また、住所変更もあれば旧住所を記入。］

書式　意見書

意　見　書

〇〇〇〇年 〇〇月 〇〇日

株式会社〇〇
代表取締役　□□　□□　殿

【ポイント①】
会社の代表者名などを宛名に記載する

〇〇〇〇年 〇〇月 〇〇日付をもって意見を求められた就業規則案について、下記のとおり意見を提出します。

記

原則として賛成致しますが、始業時間の繰下げに関する改定をご検討いただけますようお願い申し上げます。

【ポイント②】
とくに意見がない場合には、「とくに異議はありません。」などと記載する

以　上

【ポイント③】
過半数組合や過半数代表者といった労働者側の代表者の氏名・押印が必要である

| 労働組合の名称又は労働者の過半数を代表する者の労働者の過半数を代表する者の選出方法（ | 職名 総務課　主任
氏名　△△　△△　㊞
選挙による投票　） |

第1章　● 労働者を守るルールのいろいろ

6 労働協約と労使協定

労働協約とは

　労働組合と使用者との間で団体交渉を行い、組合員（労働組合に加入している労働者のこと）の賃金、労働時間、休日、休暇などの労働条件や、労働組合と使用者に関する諸事項について合意した場合に、その合意内容を書面で取り交わしたルールのことを労働協約といいます。労働協約は、合意事項を書面に記載の上、両当事者が署名または記名押印した時に効力が発生します。労働協約の有効期間は3年を超えることができません。3年を超える有効期間を定めていた場合は3年に修正されます。

　労働協約は、労働組合と使用者との契約であることから、両当事者を拘束する効力が認められます。これを債務的効力といいます。さらに、労働協約の条項のうち「労働条件その他の労働者の待遇に関する基準」には、労働組合法が規範的効力という特別な効力を与えています。規範的効力とは、労働契約が「労働条件その他の労働者の待遇に関する基準」に違反する場合、その違反する労働契約の部分が無効となり、無効となった部分は労働協約の定める基準が適用されるという効力のことです。

　そして、労働協約の適用を受ける労働組合側の者は、その労働組合の組合員に限定されます。組合員以外の労働者には労働協約の効力が及ばないのが原則です。しかし、1つの事業場に常時使用される同種の労働者数の4分の3以上の労働者に1つの労働協約が適用されるに至った場合、事業場に使用される他の同種の労働者にもその労働協約が適用されるという例外があります。これを労働協約の一般的拘束力といいます。

● 労働協約と労使協定

労働協約	組合員の労働条件その他の待遇に関する基準 労使間の諸事項（例：団体交渉手続き） 組合員のみが適用を受ける（原則） 労働組合法に基づいた内容
労使協定	法律で定めた事項に限る （例：時間外・休日労働、フレックスタイム制） 事業場の全労働者が効力を受ける 労働基準法に基づいた内容

労使協定とは

　使用者と過半数組合（事業場の労働者の過半数で組織される労働組合）との間で、労働基準法などの法律に基づき、事業場単位で書面により締結される協定のことを労使協定といいます。過半数組合がない場合は、過半数代表者（事業場の労働者の過半数を代表する者）が締結当事者になります。

　労働協約が組合員の労働条件や労働組合と使用者に関する諸事項を規定し、原則として組合員のみに効力が及ぶのに対し、労使協定は法律で定めた事項に関してのみ合意が可能で、事業場のすべての労働者に効力が及びます。労使協定には、三六協定（時間外・休日労働に関する協定）、フレックスタイム制に関する協定、年次有給休暇の計画的付与に関する協定などがあります。

　その他、使用者側と労働者側の双方が構成員となり、労働条件に関する事項を調査審議し、使用者に意見を述べることを目的とする労使委員会を事業場に設置することができます。企画業務型裁量労働制を導入する場合は、労使委員会の決議が必要です。また、労使協定に代えて労使委員会で決議できる事項もあります。

7 社会保険と労働保険

社会保険とは

　社会保険とは、国民の生活を保障するために設けられた国の社会保障制度のひとつです。生命保険などの民間保険会社による自由加入の保険とは異なり、日本に居住する人は、原則として社会保険に加入し、保険料を負担する義務があります。

　社会保険には、広義の社会保険と狭義の社会保険があります。広義の社会保険は、医療保険、年金保険、介護保険、雇用保険、労災保険の総称です。一方、狭義の社会保険は、医療保険、年金保険、介護保険のことをさします。

　医療保険とは、ケガ、病気、出産、死亡の時に、本人や遺族が支出した費用の一部を公的機関が負担する制度です。会社員は健康保険、公務員は共済保険、自営業者、短時間労働者、無職の人などは国民健康保険に加入します。

　年金保険は、高齢や障害による収入減少に対する保障や、本人が死亡した際、生計維持などの要件を満たす配偶者や子などの遺族の生活を保障する制度です。国籍を問わず、会社員や公務員は厚生年金保険に加入し、20歳以上の人は国民年金に加入します。

　介護保険とは、要介護認定を受けた65歳以上の人や、40歳以上64歳以下で介護が必要になった人に対し、医療や福祉のサービスなどに関わる費用などを給付する制度です。所得に応じ1割〜3割の自己負担でサービスを受けることができます。介護保険料は40歳以上の人が負担します。加入する健康保険料に加算するか、65歳以上の人からは年金から控除される形で徴収します。

● **社会保険と労働保険**

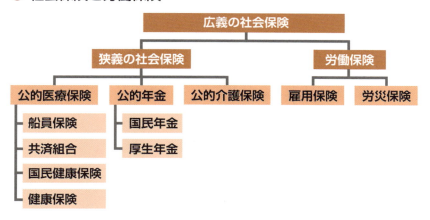

労働保険とは

　労働保険には、雇用保険と労災保険の2種類があります。

　雇用保険とは、失業者の再就職支援や職業訓練に加え、在職者が育児や介護により賃金が低下した場合や、60歳以降も継続して勤務した際に賃金が低下した場合に給付金を支給し、雇用状態が継続するよう支援する制度です。スキルアップやキャリア形成など、雇用を安定させるための教育訓練にも給付金が支給されます。雇用保険料は労働者と事業主（おもに会社）の双方が負担します。なお、公務員は雇用保険の適用外となります。

　労災保険とは、労働者の業務中（業務災害）や通勤途中（通勤災害）におけるケガや病気、あるいは障害状態や死亡という労災（労働災害）が発生した場合に、必要な保険給付を行う制度です。たとえば、業務中に起きた爆発事故で大ケガをした労働者や、過重労働による病気の発症で離職した労働者などに対し、労働者（あるいはその遺族）の生活支援や療養費の給付を行うなど、労災にあった労働者の支援を目的とした制度です。

　法人であるか個人事業主であるかを問わず、労働者を1人でも雇用

する事業主は、必ず労災保険に加入することが義務づけられています。また、労災保険料は全額事業主が負担します。なお、労災保険も公務員は適用外となります。

事業主はどんな場合に労働保険への加入が必要か

事業主が労働者を1人でも雇っている場合は、原則として業種や規模の区別なく、労働保険への加入が義務づけられます。保険関係の成立した日（労働者を最初に雇用した日）の翌日から起算して10日以内に、事業主が「保険関係成立届」を所轄労働基準監督署長に提出しなければなりません。原則的な提出先は事業所を管轄するハローワークになります。

なお、会社の取締役などの役員や、自営業の個人事業主とその家族などは、労働保険に加入できません。ただし、会社の取締役などの場合、労働者と同様の業務に従事して賃金を得ていることが明らかな場合は、労働保険への加入が可能です。

労働者側の雇用保険の加入手続きについて

正社員などの期間の定めのない労働者は、雇用保険への加入が義務づけられています。アルバイトやパートタイマーなどの有期労働者も、1週間の所定労働時間が20時間以上で31日以上雇用の見込みがある場合は、雇用保険への加入義務が生じます。雇用保険は1つの事業所でのみ加入しますので、複数の事業所でアルバイトなどを掛け持ちし、双方で加入要件を満たす場合は、賃金が高い方の事業所で加入します。そして、雇用保険料は事業主と労働者の双方が一定の割合で負担します。

なお、学生は雇用保険への加入が原則不要ですが、休学中の場合や、夜間学校、通信制学校に通学している場合などは加入対象に含まれます。また、2017年1月から65歳以上の労働者も雇用保険の加入対象に含まれており、2020年4月以降は、現在免除されている64歳以上

● **労働保険・社会保険への加入要件**

		適用事業所	加入対象の労働者
労働保険	雇用保険	法人・個人事業主を問わず、労働者を1人でも雇用するすべての事業主が対象	・期間の定めのない労働者 ・1週間の所定労働時間が20時間以上などの有期労働者など ※65歳以上も要件を満たせば加入対象になる
	労災保険		・労働者に該当する人は全員加入
社会保険		・すべての法人 ・常時使用する労働者数が5人以上の個人事業主	・正社員など ・一定の条件を満たす有期労働者 ・報酬を受けている会社の役員

の労働者からも雇用保険料が徴収されます。

会社は必ず社会保険に加入しなければならない

　会社などの法人は、使用する労働者数に関係なく社会保険の適用事業所となるため、必ず加入しなければなりません。社長1人だけの法人であっても、社会保険への加入義務があります。

　一方、個人事業主は、常時使用する労働者数が5人以上の場合には加入義務が生じます。常時使用する労働者数が5人未満の個人事業主は加入義務がありませんが、労働者の半数以上の同意がある場合、年金事務所に申請して任意加入することが可能です。

　労働者側の加入要件について、労働者の国籍は問いません。正社員などの期間の定めのない労働者は、社会保険への加入義務があります。アルバイトなどの有期労働者は、一定の要件を満たす場合に加入義務が生じます。さらに、報酬を受けている会社の役員（社長や取締役など）も社会保険に加入させることが必要です。

Column

パートタイム労働者と税金・保険

　パートタイム労働者（アルバイトなども含みます）の配偶者控除については、2018年度より大きく変わりました。

　パートタイム労働者を妻、その配偶者を夫として説明すると、改正前では、妻の年収が103万円以下であれば、夫は38万円の配偶者控除を受けることができましたが、改正後は、夫の年収に応じ、13万円から38万円の間で配偶者控除を受けることになりました。また、改正前では、妻の年収が103万円を超えて141万円以下であれば、夫は段階的な金額で配偶者特別控除を受けることができましたが、改正後は、妻の給与額の上限が広がり、年収103万円を超えて201万6000円未満であれば、夫の給与額に応じ、38万円から1万円の間の段階的な金額で配偶者特別控除を受けることができるようになりました。

　なお、妻の年収が103万円を超えると、妻自身も所得税の課税対象となります。また、妻の年収が130万円を超える場合（あるいはパート先が501人以上の従業員がいる会社で、年収106万円を超える場合）は、夫の健康保険の扶養から外れ、パート先の会社で社会保険に加入し、妻自身が社会保険料を負担する必要があります。

パートタイム労働者の年収と税金・保険

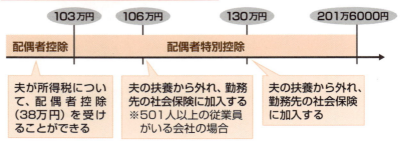

第2章
募集・採用・労働契約

1 労働者の募集・採用

労働者の募集には制限がある

　使用者は、新たに労働者を採用するにあたって、どのような人をどのような労働条件で雇い入れるのかについて、原則として自由に決定することができます。ただし、法律により募集・採用について一定の規制が及ぶことに注意が必要です。

　男女雇用機会均等法は、性別に基づく募集・採用の区別を禁止しています。募集する労働者について「男性限定」などと直接的に記載していなくても、実質的に性別による差別をしているに等しい場合は、法律違反にあたります。たとえば、「身長175センチ以上、体重80キログラム以上」という採用条件は、女性の平均身長や平均体重を上回る条件であって、実質的に募集・採用する労働者を男性に限定しているに等しいため、このような採用条件は法律違反にあたります。

　もうひとつ、**雇用対策法**は、雇用条件に年齢制限を設けることを原則禁止しています。ただし、労働者の長期勤続によるキャリア形成の目的などがあれば、募集・採用の条件に年齢制限を設けることが認められる場合があります。もっとも、65歳以下の年齢制限を設ける場合は、高年齢者雇用安定法により、年齢制限が必要不可欠な理由を求職者に明示することが義務づけられています。

ハローワークでの求人

　使用者側（求人者）と求職者の双方からの申込みを受け入れ、労働契約の成立をあっせんするための職業紹介をする国の機関がハローワーク（公共職業安定所）です。ハローワークは、使用者側からの求人の申込み、求職者からの求職の申込みを、原則として受け入れなけ

● 労働者の募集に関する制限

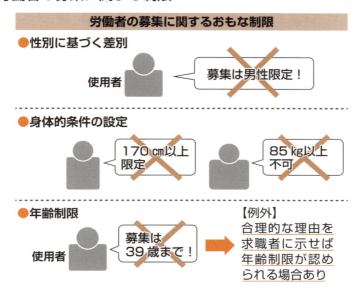

ればなりません。ただし、不適切な求人の申込みは拒否することができます。たとえば、使用者側が一定の労働関係の法律に違反している場合などが挙げられます。

採用選考時の注意点

　実際の採用選考にあたり、使用者は、求職者から履歴書をはじめ、さまざまな書類の提出を求めます。しかし、使用者は、厚生労働省が定めた指針に基づき、求職者の出生地や家柄などの他、求職者の宗教観や労働組合への加入の有無などに関する事項について、求職者に対し情報提供を求めることはできません。

　また、採用選考時に取得した履歴書などの資料は、個人情報保護法に基づき、採用選考以外の目的に使用できず、採用に至らない場合には返却あるいは処分するなど、適切な対応が求められます。

2 労働契約を締結するときの注意点

労働契約とは

　労働契約とは、労働者が使用者の指揮命令に従って労働することを約束するのに対し、使用者が賃金（給料）を支払うことを約束することによって成立する契約のことです。労働契約の基本的な義務として、労働者側は労働力を提供する義務を負い、使用者側は労働力に見合った賃金を支払う義務を負います。

　なお、民法においては、労働契約に相当する契約のことを**雇用契約**と名づけているため、「労働契約＝雇用契約」と考えてよいでしょう。

労働契約に関する法的規制

　労働契約も契約のひとつである以上、当事者が対等な立場で労働契約の締結・変更をしなければなりません。しかし、通常は使用者が労働者よりも強い立場にあります。労働者側としては、希望する労働条件を強く主張しすぎると、使用者から採用してもらえないのではないか、あるいは契約を打ち切られてしまうのではないかと考えて、多少劣悪な労働条件だとしても、労働契約の締結・変更の合意に至ってしまうことも少なくありません。

　この点につき、労働契約法3条1項では、「労働契約は、労働者及び使用者が対等の立場における合意に基づいて締結し、又は変更すべき」という原則を掲げています。

　また、労働契約の内容については、とくに労働基準法の規制が広く及びます。当事者が合意していても、労働基準法が定める最低基準に達しない部分は無効となり、労働基準法が定める最低基準が適用されます。また、労働契約の内容は就業規則により定型化されていること

● **労働契約とは**

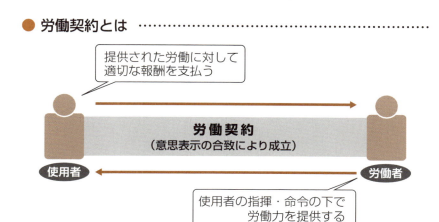

が多いため、労働契約法はその点を考慮し、使用者が労働者に対し周知していた就業規則の定めが合理的である限り、それが労働契約の内容になることを認めています。

しかし、とくに労働契約の変更・終了が、労働契約法により無効になる場合があります。労働契約で定める労働条件の不利益変更は、合理的な理由や労働者への周知がなければ、労働者の同意なく行うことができません。また、使用者による労働契約の一方的な終了である解雇は、合理的な理由や社会通念上の相当性（社会一般の常識から見て相当であること）がなければ、権利濫用として無効になります。これが解雇権濫用法理です。

したがって、労働契約に対する法的規制は、労働者を保護することに重きを置いており、労働契約の効力やその変更・終了を否定するような規定も設けられています。

労働条件通知書や雇用契約書について

労働契約が締結されると、使用者から労働者に対し労働条件通知書あるいは雇用契約書という書面が交付されます。このような書面が交付されるのは、労働基準法により、労働契約の締結に際し、使用者が

労働者に対し労働条件を明示することが義務づけられているからです。とくに重要な労働条件は、必ず書面にして明示することが必要とされています。したがって、書面の名称が労働条件通知書であるか雇用契約書であるかを問わず、その役割は労働者に対し労働条件を知らせることにある点で、両者は共通しています。

　このような共通点があるとしても、労働条件通知書の交付については、使用者側・労働者側の双方にとってデメリットがあるため、労働条件を知らせる手段は「雇用契約書」の方が好ましいと考えられています。

　労働基準法は労働条件を明示する書面の方式を定めていないため、記載漏れのない労働条件通知書を労働者に対して交付すれば、使用者は義務を果たしたことになります。しかし、労働条件通知書は、使用者が労働者に対し一方的に交付する書面であるため、記載された労働条件について労働者の合意を得たことが書面に表れません。そのため、後から労働条件について合意していないと労働者に主張されて、トラブルに発展するおそれがあります。

　これに対し、雇用契約書により労働条件を明示した場合は、労働者がその内容に合意して署名する必要があるため、労働条件の合意をめぐるトラブルを防ぐことができます。また、雇用契約書は使用者と労働者が１部ずつ保管するため、一方当事者が後から書面の内容を改変してもすぐに発見できます。

　労働者にとっても、雇用契約書を取り交わす段階で、労働条件について検討し、場合によっては使用者と労働条件について交渉することも可能になります。したがって、労働条件の通知は雇用契約書によって行う方がよいでしょう。多くの場合は「雇用契約書兼労働条件通知書」という名称で書面を交付しています。

● **労働条件の明示** ………………………………………………

【書面での明示義務がある事項】
◆ 契約期間や契約更新の判断基準
◆ 就業場所や従事する業務
◆ 始業・終業の時刻、残業の有無、休憩、休日、休暇
◆ 賃金　◆ 退職に関する事項や解雇事由　など

使用者　　　　　　　　　　　　　　　　　　　　　　　労働者

労働条件の明示（雇用契約書など）

重要な労働条件は書面で明示する

　使用者は、契約期間、就業場所や従事する業務、始業・終業の時刻、残業の有無、休日、休暇、賃金（賃金の計算や支払いの方法など）、退職に関する事項や解雇事由といった重要な労働条件については、必ず書面で労働者に明示しなければなりません。

　書面による明示は、労働者に適用される就業規則を交付する方法でもかまいません。しかし、書面で明示すべき事項が就業規則にすべて記載されていないと、就業規則を交付しても上記の義務を果たしたことにならない点に注意を要します。とくに契約期間や就業場所などは労働者ごとに異なるもので、通常は就業規則に記載されていないため、労働者ごとに交付する「雇用契約書兼労働条件通知書」を利用する方がよいでしょう。

　そして、使用者から明示された労働条件が、実際に従事した労働条件と異なる場合、労働者には労働契約を直ちに解除する権利が認められています。さらに、就業のために住居を変更した労働者が解除日から14日以内に帰郷する場合、使用者は必要な旅費を負担しなければなりません（帰郷旅費）。

書式　労働条件通知書

雇用契約書（兼　労働条件通知書）

○○　○○　殿　　　　　　　　　　　　　　　　○○○○

事業場名称・所在地
　　○○株式会社　　○○県○○市○○区○○町○丁目○番○号
使用者職氏名　代表取締役社長　△△　△△

【ポイント①】労働条件通知書は労働基準法に基づき、労働契約締結時に明示が義務づけられている

契約期間	期間の定めなし、⦅期間の定めあり⦆（○○○○年○○月○○日～○○○○年○○月○○日） ※以下は、「契約期間」について「期間の定めあり」とした場合に記入 1　契約の更新の有無 　[自動的に更新する・⦅更新する場合があり得る⦆・契約の更新はしない・その他（　　　）] 2　契約の更新は次により判断する。 　・契約期間満了時の業務量　　⦅勤務成績、態度⦆　　　・能力 　・会社の経営状況　・従事している業務の進捗状況 　・その他（　　　　　　　　　　　　　　　　　　　） 【有期雇用特別措置法による特例の対象者の場合】 無期転換申込権が発生しない期間：Ⅰ（高度専門）・Ⅱ（定年後の高齢者） Ⅰ　特定有期業務の開始から完了までの期間（　　　年　　か月（上限10年）） Ⅱ　定年後引き続いて雇用されている期間
就業の場所	本社経営企画部　企画課
従事すべき業務の内容	経営企画業務 【有期雇用特別措置法による特例の対象者（高度専門）の場合】 ・特定有期業務（　　　　　開始日：　　　　　完了日：　　　　）
始業、終業の時刻、休憩時間、就業時転換（(1)～(5)のうち該当するもの一つに○を付けること。）、所定時間外労働の有無に関する事項	1　始業・終業の時刻等 　(1) 始業（　8時　00分）　終業（　17時　00分） 　【以下のような制度が労働者に適用される場合】 　(2) 変形労働時間制等；（　　）単位の変形労働時間制・交替制として、次の勤務時間の組み合わせによる。 　｛始業（　時　分）終業（　時　分）（適用日　　　　　） 　　始業（　時　分）終業（　時　分）（適用日　　　　　） 　　始業（　時　分）終業（　時　分）（適用日　　　　　） 　(3) フレックスタイム制；始業及び終業の時刻は労働者の決定に委ねる。 　　（ただし、フレキシブルタイム（始業）　時　分から　時　分、 　　（終業）　時　分から　時　分、コアタイム　時　分から　時　分） 　(4) 事業場外みなし労働時間制；始業（　時　分）終業（　時　分） 　(5) 裁量労働制；始業（　時　分）終業（　時　分）を基本とし、労働者の決定に委ねる。 ○詳細は、就業規則第　条～第　条、第　条～第　条、第　条～第　条 2　休憩時間（60）分 3　所定時間外労働の有無（⦅有⦆，　無　）
休　　　日	・定例日；毎週土曜日・日曜日、国民の祝日、その他（年末年始　　　　） ・非定例日；週・月当たり　　日、その他（　　　　　　　　　　　） ・1年単位の変形労働時間制の場合－年間　　　日 ○詳細は、就業規則第　条～第　条、第　条～第　条
休　　　暇	1　年次有給休暇　6か月継続勤務した場合→　10日 　　継続勤務6か月以内の年次有給休暇　（有・⦅無⦆） 　　→　か月経過で　　日 　　時間単位年休（⦅有⦆　無） 2　代替休暇（有・⦅無⦆） 3　その他の休暇　有給（　　　　　　　　　　　） 　　　　　　　　　無給（　　　　　　　　　　　） ○詳細は、就業規則第○条～第　条、第○条～第　条

【ポイント②】必ず契約期間の有無に関して明記する

賃　金	1	基本賃金　イ　月給（　　　　　　円）、ロ　日給（　　　　　　円） 　　　　　　　　ⓗ　時間給（　1200　円）、 　　　　　　　　ニ　出来高給（基本単価　　　　円、保障給　　　　円） 　　　　　　　　ホ　その他（　　　　　円） 　　　　　　　　ヘ　就業規則に規定されている賃金等級等
	2	諸手当の額又は計算方法 　イ（通勤手当　　8,390円　　　／計算方法：通勤定期代　　　　　） 　ロ（　　　手当　　　　　円　　　／計算方法：　　　　　　　　　） 　ハ（　　　手当　　　　　円　　　／計算方法：　　　　　　　　　） 　ニ（　　　手当　　　　　円　　　／計算方法：　　　　　　　　　）
	3	所定時間外、休日又は深夜労働に対して支払われる割増賃金率 　イ　所定時間外、法定超　月６０時間以内（25）％ 　　　　　　　　　　　　　月６０時間超　（50）％ 　　　　　　　　　所定超　（　　）％ 　ロ　休日　法定休日（35）％、法定外休日（35）％ 　ハ　深夜（25）％
	4	賃金締切日（　　　　）－毎月　　日、（　　　　）－毎月　　日
	5	賃金支払日（　　　　）－毎月　　日、（　　　　）－毎月　　日
	6	賃金の支払方法（　　　　　　　　　　　）
	7	労使協定に基づく賃金支払時の控除（無　，有（　　　　　））
	8	昇給（時期等　毎年4月に業務成績により決定　　　　　　）
	9	賞与（　有（時期、金額等　　　　　　　　）　，　無　）
	10	退職金（　有（時期、金額等　　　　　　　　　　）　，　無　）
退職に関する事項	1	定年制　（ⓗ（60歳）　　　，　無　）
	2	継続雇用制度（ⓗ（65歳まで）　　，　無　）
	3	自己都合退職の手続（退職する　14日以上前に届け出ること）
	4	解雇の事由及び手続 　　　　　　　［　天災による事業継続が不可能な場合 　　　　　　　　業務上の不正行為、重大な職務命令違反　等　］ ○詳細は、就業規則第○条〜第　条、第○条〜第　条
その他		・社会保険の加入状況（ⓗ厚生年金　ⓗ健康保険　厚生年金基金　その他 　（　　　　　　）） ・雇用保険の適用（ⓗ，　無　） ・その他［　　　　　　　　　　　　　　　　　　　　　　　］
		※以下は、「契約期間」について「期間の定めあり」とした場合についての説明です。 労働契約法第18条の規定により、有期労働契約（平成25年4月1日以降に開始するもの）の契約期間が通算５年を超える場合には、労働契約の期間の末日までに労働者から申込みをすることにより、当該労働契約の期間の末日の翌日から期間の定めのない労働契約に転換されます。ただし、有期雇用特別措置法による特例の対象となる場合は、この「５年」という期間は、本通知書の「契約期間」欄に明示したとおりとなります。

【ポイント③】
賃金について時間外労働に関する割増率の規制などに注意して記載する

※　以上のほかは、当社就業規則による。
※　労使間の紛争の未然防止のため、保存しておくことをお勧めします。

　　以上の労働条件について同意します。上記契約の成立を証するため、本書２通を作成し、
　署名捺印のうえ各１通を保有する。
　○○○年○○月○○日

　　　　　　　　　　　　　　　　使用者　　　○○株式会社　△△　△△㊞
　　　　　　　　　　　　　　　　住所　　　　○○県○○市○区○○町○丁目○番○号
　　　　　　　　　　　　　　　　労働者　　　○○　　○○㊞
　　　　　　　　　　　　　　　　住所　　　　○○県○○市○○区○○町○丁目○番○号

【ポイント④】
使用者・労働者ともに、署名押印を必ず行う

3 契約期間の定め

無期労働契約と有期労働契約がある

　労働契約は、契約期間の有無により、契約期間の定めのない労働契約である**無期労働契約**と、契約期間の定めがある労働契約である**有期労働契約**に分類されています。正社員は無期労働契約を結んでいるのに対し、パートタイマーやアルバイトなどは有期労働契約を結んでいるのが一般的です。

　とくに有期労働契約に関しては、契約期間中に労働契約を解除することができるか否かという問題があります。

　民法や労働契約法の定めでは、有期労働契約の契約期間中に、労働者が一方的に解除（退職）する場合も、使用者が一方的に解除（解雇）する場合も「やむを得ない事由」の存在が必要とされています。たとえば、労働者が重病にかかり就労不可能になった場合や、大地震などの天災により使用者が事業継続不可能な状態に陥った場合などが「やむを得ない事由」にあたります。

　つまり、有期労働契約の契約期間中の一方的な解除は、大きく制限されています。ただし、労働基準法の定めにより、1年を超える契約期間を定めた労働者は、契約期間の初日から1年を超えた後は、いつでも一方的な解除（退職）が可能になります。

　なお、上記の定めは一方的な解除を制限するだけなので、労働者と使用者との合意による労働契約の解除はいつでも可能です。

有期労働契約の契約期間には上限がある

　有期労働契約について、契約期間中の一方的な解除が制限されていることは、とくに長期間の労働契約が締結されている場合、労働者が

● 契約期間の定めのある労働契約（有期労働契約）

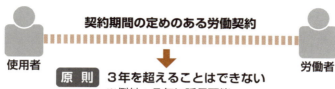

不当に労働契約に拘束されることを意味します。そこで、労働基準法は、有期労働契約において契約期間を定める場合は、原則として上限を3年に限定しています。

ただし、有期労働契約について、以下の①・②に該当する場合は、契約期間の上限を5年に延長することができます。また、③に該当する場合は、事業の完了に必要な期間まで契約期間を延長することができます。

① 高度に専門的な知識・技術・経験を持った労働者との労働契約

たとえば、博士号を持つ労働者、公認会計士・医師・弁護士などの有資格者、5年以上の実務経験を持つ年収1075万円以上のシステムコンサルタントなどが含まれます。

② 60歳以上の労働者との間で締結される労働契約

60歳以上の労働者は、契約期間の上限が3年になると、就労機会を得ることが困難になるおそれがあるため、例外的に5年を上限とする契約期間を設定することができます。

③ 一定の事業の完了に必要な期間を定める労働契約

大規模な建設工事など、事業が完了するまで長期間を必要とする場合、契約期間の上限が3年に限定されていると、事業の運営に大きな支障になりかねないからです。

4 有期労働者から無期労働者への転換

無期転換ルールとは

　有期労働契約を締結した場合は、原則として契約期間の満了によって労働契約は終了しますが、契約の更新が可能です。

　そして、労働契約法の定めにより、同じ使用者との間で、有期労働契約が更新されて通算5年を超えた場合に、労働者が無期労働契約への転換を申し込むと、使用者はその申込みを拒否することができません。これを**無期転換ルール**と呼んでいます。

　労働者側から見ると、有期労働契約には、長期間の労働契約に拘束されないというメリットがあります。しかし、契約期間の満了時に更新されるとは限らないため、不安定な雇用形態だというデメリットがあります。無期転換ルールは、使用者が有期労働契約を繰り返し更新し、労働者を不安定な地位に置き続けることを阻止するという目的があります。

無期労働契約への転換申込みができる時点

　たとえば、契約期間を1年として有期労働契約を締結している場合、労働者が無期労働契約への転換を申し込むことができるのは、5回目の更新後になります。契約期間1年の場合は、5回目の更新後に通算契約期間が5年を超えるからです。

　もっとも、労働契約が更新されて通算5年を超えていれば、いつでも申込みが可能ですので、5回目の更新後であれば、たとえば10回目の更新後に無期労働契約への転換を申し込むことも可能です。また、労働者に対し申込みを義務づけていませんので、無期労働契約への転換を申し込まないことも可能です。

● **無期転換ルール**

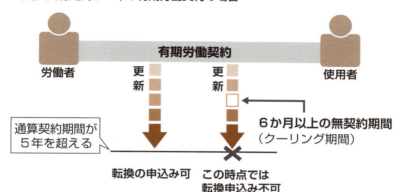

（例）契約期間が1年の有期労働契約の場合

通算契約期間をリセットする方法としてのクーリング期間

　無期転換ルールには、6か月以上の無契約期間（クーリング期間といいます）がある場合、クーリング期間より前の有期労働契約が通算契約期間に含まれないという例外があります。なお、無契約期間の前の通算契約期間が1年未満の場合、クーリング期間は6か月よりも短い期間が設定されています。

　たとえば、契約期間1年の有期労働契約の2回目が更新されずに終了し、6か月の無契約期間の後、再び契約期間1年の有期労働契約を結んだ場合、無契約期間より前の2年分の契約期間が通算契約期間に含まれないことになります。

使用者としての注意点と対策

　使用者が無期転換ルールの適用を回避する方法は、通算契約期間が5年を超える前に、有期労働契約を契約期間の満了時に終了させることです。これを雇止めといいます。ただし、有期労働契約の更新時の状況などによっては、労働契約法により、雇止めが制限される場合がある点に注意を要します（雇止め法理）。

5 内定と内定取消し

内定とはどんなことか

　使用者が、労働者の採用手続きにおいて、さまざまな選考方法を用いて、労働者を雇用すると決定した場合に、特定の日からその労働者を雇用することを事前に伝えることがあります。これを**内定（採用内定）**といいます。労働者に内定を伝える方法には、とくに法律上の規制はなく、口頭によることも可能ですが、後からトラブルが発生しないように、一般的には書面を交付することが多いといえます。

　たとえば、労働者が新卒者である場合などは、内定を受けたことにより、それ以後の就職活動を止めるのが一般的です。使用者側から、確実に就職するか否かの意思を確認するため、労働者に対し誓約書への署名などを求めることもあります。

　内定の法的性質は「始期付解約権留保付労働契約」であると考えられています。したがって、通常の労働契約とは異なり、内定通知書などに記載された入社日（始期）までの間は、当然に賃金が発生するわけではありません。さらに、使用者側は、労働者が内定通知書や誓約書に記載された事由に該当すれば、内定取消しが可能だと考えられています。これを「解約権が使用者に留保されている」といいます。

内定取消しはどんな場合にできるのか

　通常の労働契約とは異なるとはいえ、内定によって労働契約が成立しているため、使用者による内定取消しは解雇に等しいといえます。そのため、内定取消しが有効になるためには、内定当時知ることができないか、知ることが期待できない事実を理由とするもので、その理由が客観的に合理的であり、社会通念上相当と認められることが必要

● 内定と内定取消し

使用者 → **内定の通知** → 労働者

内定通知書
○月○日から、採用します

内定の効果 ⇒ 始期付解約権留保付労働契約が成立している

∴内定の取消しは客観的で合理的な理由と社会通念上の相当性が必要

（例）内定者の学業不振による留年、健康状態の著しい悪化、経歴の詐称　など

と考えられています。これを満たさない内定取消しは、解約権の濫用として無効になります。

内定取消しの理由には制限がある

　内定の取消しの理由は、「内定当時知ることができないか、知ることが期待できない事実」であることが必要です。

　たとえば、内定者（とくに新卒者）が成績不振のために留年して入社日までに学校を卒業できない場合、内定者の健康状態が著しく悪化した場合、内定者が学歴などの経歴を偽っていたことが明らかになった場合、内定者が逮捕されるなど刑事手続きの対象になった場合などが挙げられます。一方、使用者側の業績悪化を理由に内定取消しをする場合は、まず内定取消し以外の方法を検討するなど、使用者側が内定取消しを回避する努力を尽くしてもなお、内定を取り消す必要性が認められなければなりません。

　内定取消しが無効であると認められた場合、労働契約が存在していたことになるとともに、使用者は、内定者に損害が生じている場合に、労働者からの損害賠償請求に応じなければならないと考えられています。

6 採用時の手続き、提出書類

どんな書類を提出してもらうのか

　使用者が労働者を新たに雇い入れる際には、労働契約を締結することになりますので、使用者が交付した雇用契約書（雇用契約書兼労働条件通知書）に、労働者が署名押印をして提出することを求めます。雇用契約書は、当事者間で合意に至った労働条件の証拠として、使用者と労働者とが1通ずつ持ち合います。
　それ以外にも、各種手続きをするのに必要となる、さまざまな書類の提出を労働者に求めることになります。

・労働者自身に関する事項についての書類

　労働者が現住所に住んでいることを確認するため、住民票記載事項証明書の提出を求めます。その他、労働者の家族関係を確認する目的で、従業員調書などの書類を提出してもらう場合もあります。さらに、労働者自身の健康状態を把握し、配属先を決定する際の資料などとするため、とくに内定時に健康診断書の提出を求めることもあります。健康診断の費用は使用者側が負担する場合も少なくありません。

・各種手続きに必要な書類

　使用者が労働者を雇い入れた場合、社会保険などの手続きを使用者が行うために必要な書類の提出を労働者に求めます。
　まず、加入条件を満たす労働者の社会保険（おもに健康保険と厚生年金保険）への加入手続きを行います。その際、健康保険被扶養者異動届に必要事項を記入させ、労働者の年金手帳とともに提出を求める必要があります。また、加入条件を満たす労働者の雇用保険への加入手続きも行います。その際、とくに中途採用者の場合には、前の会社を退職する際に受け取っている雇用保険被保険者証を提出させること

● **採用時の提出書類**

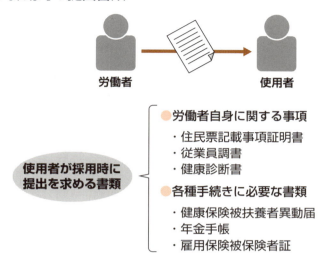

が必要です。

> **誓約書について**

　労働契約が成立した時点で、使用者は労働者に賃金を支払う義務を負い、労働者は使用者の指揮命令に従い労働力を提供する義務を負います。そこで、誓約書という書面を使って、労働者の基本的な義務である労働力の提供に関して、誠実に業務を処理することの誓約を求める場合があります。

　労働契約に基づいて労働者が負担する義務は、労働力の提供に限られません。たとえば、業務によっては、大量のデータを取り扱う場面や、顧客などの個人情報を取り扱う場面が出てきます。これらのデータや個人情報は、労働者自身の業務処理に必要であるのはもちろんですが、使用者側にとっては社外秘にしたいデータや個人情報が含まれるケースもあります。データや個人情報の取扱いで最も恐いのは「漏えい」ですが、業務処理にあたって情報管理に尽力することなどにつ

いて、あらかじめ労働者から誓約書をとっておくことが必要です。

　労働者が誓約書を提出した場合、そこに記載されている内容に労働者が違反した場合、使用者は誓約書を根拠にして、労働者に損害賠償請求をすることが可能になります。誓約書をとっておくことで、後からトラブルが発生しても、使用者から労働者に対する責任追及が容易になるというメリットがあります。

身元保証とは何か

　労働者の雇入れ時に、使用者が労働者に対し**身元保証書**の提出を求める場合があります。身元保証書とは、労働者以外の者が身元保証人として署名押印することで、労働者の身元を証明する書類です。身元保証人になる人を同居家族やその他の親族に限ることも多いようです。そのため、労働者自身に住民票記載事項証明書の提出を求めますが、それとは別に身元保証書の提出も求めることで、労働者の身元を二重に確認することができます。

　身元保証人として署名押印した人は、労働者が使用者の下で働く中で、使用者に与えた損害について、労働者とともに損害賠償責任を負います。通常の保証人（あるいは連帯保証人）は、借主が返済できなかった借金を代わりに返済する義務を負う可能性がある、というように負担する責任の範囲が比較的明確ですが、身元保証人の責任の範囲は不明確で、予想しない多大な責任を負う可能性があります。

　そこで、身元保証に関する法律により、身元保証人を保護しています。たとえば、身元保証人の責任が長期に及ばないため、保証期間（原則として３年間）が制限されていたり、身元保証人の責任が生じる可能性がある労働者の業務処理上の不誠実な態度などがある場合に、使用者から身元保証人への報告を義務づけています。

● 身元保証人の責任

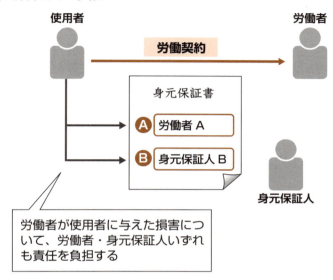

マイナンバーを管理する

　税や社会保障などに関する手続きについて、個人情報を一体化させるため、マイナンバー（個人に対しては12桁の番号が割り当てられています）の制度が導入されています。使用者は、労働者からマイナンバーの開示を受けて、社会保険や年金などの手続きの際に、その労働者のマイナンバーを各種手続きの申請書類などに記載します。もっとも、労働者から取得したマイナンバーに関して、使用者が税や社会保険の手続きなど法律で定めた目的以外に用いることは禁止されています。

　マイナンバーは、個人情報の中でも重要度が高いものといえますので、その管理や保管には慎重さが求められます。そのため、マイナンバーの取得・管理・廃棄などの段階において、マイナンバー法に定められた手続きの誠実な遵守が求められます。

7 試用期間

試用期間とは

　試用期間とは、使用者が労働者を採用した後に、本当に自社の労働者として働き続けていくことができるのか否か（適格性）を評価するための期間をいいます。試用期間中の労働者は仮採用の状態に置かれます。そして、試用期間を通じて労働者としての適格性がないと判断した場合には、使用者は本採用を拒否することができます。

　試用期間としては3か月から6か月の期間が設定されることが一般的です。あくまでも自社の労働者として働き続けることが可能であるのかを見極めるための期間ですので、試用期間が不当に長期にわたることは許されないと考えられています。たとえば、試用期間として最大1年3か月の期間を設定することには合理性がないと判断した裁判例（下級裁判所の判決のこと）があります。

　また、いったん設定した試用期間は、原則として延長できないと考えられています。もっとも、労働者がケガや病気などのために、使用者が設定した試用期間中に働くことができなかったなどの事情があれば、例外的に試用期間の延長が認められる場合があります。

本採用拒否が認められる場合とは

　試用期間は使用者が労働者の適格性を評価するための期間であるため、使用者には労働者との労働契約を解約する権利（解約権）が留保されているといえます。そのため、試用期間が終了した時点で、適格性が認められないと使用者が判断した労働者については、試用期間終了後に、解約権を行使して労働契約を終了させることが可能です。これを本採用の拒否と呼んでいます。

● **試用期間**

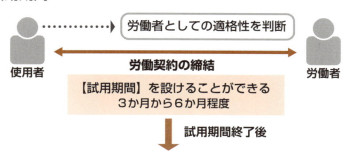

　ただし、試用期間中も労働契約は成立していますので、使用者側は、試用期間終了後、自由に本採用を拒否することができるわけではありません。労働契約の一方的な終了は解雇に等しいといえるため、本採用を拒否するには、客観的で合理的な理由と社会通念上の相当性が必要とされているからです。不合理な理由による本採用の拒否は、解約権の濫用として無効になります。適格性がないとして本採用の拒否ができる事由としては、遅刻回数が多い場合、勤務態度が著しく悪い場合などが挙げられます。

　使用者側としては、本採用の拒否が解雇に等しいと扱われていることから、本採用を拒否する理由の客観性を担保するためにも、試用期間中の評価項目について、事前に取り決めておいた上で、就業規則などで明示しておく必要があります。

　さらに、適格性がないとして本採用を拒否する場合は、通常の解雇をする場合の手続きと同様に、原則として、労働者に対し、30日以上前に本採用の拒否を予告するか、30日分以上の解雇予告手当を支払うという手続きを行わなければなりません。

Column

業務委託、請負と雇用の違い

　労務を提供する場合の契約には、雇用契約、業務委託、請負といったいくつかの形態があります。雇用契約は一般的に、会社などに直接雇われて労働者として就業し、その対価として賃金をもらう契約です。労働者は、使用者の指揮命令下に置かれ、就業規則などの規律に従い、労働時間や勤務場所を管理されている状態で労務の提供をすることになります。

　業務委託とは、注文者（委託者）から業務を依頼され、依頼された業務を事業主（受託者）として処理することで報酬をもらう契約です。業務の完成自体は法律上の義務ではありませんが、受託者は依頼された業務を遂行する義務を負います。これに対し、請負契約とは、依頼された業務を完成させ、その成果物に対して報酬が支払われる契約です。どちらの形態も、委託者と受託者との間に雇用関係や指揮命令関係はなく、対等な立場で契約をした上で、受託者は事業主として業務を処理します。ただし、請負契約の場合には、依頼された業務を完成させる義務があり、完成させた成果物の存在がある点で業務委託とは異なります。

　たとえば、ある会社が建築業者に対して、自社建物の建設を依頼した場合、その建物が完成して事業主に引き渡されることにより、建築業者に報酬が発生するので、これは請負契約になります。一方、1か月につき大工1人当たり何万円という形式で報酬を定め、建物の建設という業務の遂行に対し月額で報酬を支払うという依頼をした場合には業務委託となります。

　契約の解除に関して、業務委託の場合は、いつでもどちらからでも自由に契約を解除できます。請負の場合、委託者からは業務が完成するまでの間に限り、損害を賠償することで自由に契約を解除できますが、受託者からは自由な契約の解除はできません。

第3章
労働時間

1 労働時間のルールと管理

就業時間外でも労働時間にあたる場合がある

　労働基準法における労働時間とは、使用者の指揮命令下で労働者が業務に従事する時間をいいます。労働者の賃金が労働時間に応じて支払われることから、労働時間は労働者にとって極めて重要な労働条件のひとつだといえます。

　労働時間に関しては、就業規則や労働契約などで「始業9時、終業17時、休憩1時間」などの形で就業時間が明示されています。しかし、必ずしも就業時間中だけが労働時間にあたるわけではなく、客観的に見て使用者の指揮命令下に置かれている時間であれば、就業時間外であっても労働時間に含まれます。

　労働時間に含まれるかどうかは、たとえば、就業時間前の着替えなどの準備時間の他、就業時間外に店舗などにおいて来客を待機している時間や、休憩時間中の電話番など、直接的に業務を処理しているとはいえない時間の取扱いが問題になります。

　就業前の準備時間は、出社後に制服や作業服に着替えることを使用者が義務づけているような場合は、その時間が労働者が使用者の指揮監督下にあるため、労働時間に含まれます。来客の待機時間や休憩時間中の電話番も、実際に来客や電話があった場合は即座に対応できるように使用者が労働者に義務づけているのが通常ですから、この時間も労働時間に含まれると考えられます。

1日8時間・1週40時間の原則

　労働時間に関しては、過労死に代表されるように、長時間労働による労働者の健康被害が問題とされています。そこで、長時間労働を防

● 法定労働時間

労働時間
使用者の指揮命令下で労働者が業務に従事する時間

● 法定労働時間

	1日	1週間
原則	8時間	40時間
特例措置対象事業場	8時間	44時間

法定労働時間を超える労働
⇒ 時間外労働として割増賃金が支払われる
（三六協定の有無は問わない）

止するため、労働基準法では労働時間の上限を設けています。これを**法定労働時間**といいます。使用者は、労働者に対して1日について8時間、1週間について40時間を超える労働をさせることができないのが原則です。ただし、休憩時間は除外されますので、1日の始業時刻から就業時刻までが9時間であっても、1時間の休憩時間を設ける場合は、労働時間は8時間になりますので、法定労働時間を超える労働とは判断されません。

　使用者が労働者に対し法定労働時間を超えて労働をさせた場合、その労働は**時間外労働**にあたるため、割増賃金を支払わなければなりません。三六協定（⇨ P.106 参照）がないのに時間外労働をさせた違法なケースでも、割増賃金の支払義務は発生します。2018年に成立した働き方改革法にともなう労働基準法改正により、三六協定を締結していても、原則として1か月について45時間、1年間について360時間を超える時間外労働をさせることが認められなくなった点に注意が必要です。なお、使用者が常時使用する労働者が10名未満である商業やサービス業（接客や娯楽など）などの事業場（特例措置対象事業場）については、1週間の法定労働時間が44時間に延長されるという例外があります。

2 休憩時間

休憩時間とは

　休憩時間とは、労働者の労働時間内に認められる労働から解放された時間をいいます。休憩時間は、労働者にとっては、連続して業務に従事することで蓄積した疲労の回復などのために重要です。一方、休憩時間を設けることは、使用者側にもメリットがあります。疲労や集中力の低下により労働者の生産性が低下すれば、業務に従事する上で支障が出るおそれがあるからです。

　その他、労働者に業務から一時的に外れて、リフレッシュする時間を保障することは、使用者の責任問題を大きく左右します。集中力が切れた労働者が業務に従事している最中に、自らの不注意などにより負傷しても、業務災害として労災認定がなされることがあり、休業補償、あるいは療養補償といった労災補償の問題が生じるなど、さまざまな問題に発展するおそれもあります。

休憩時間のルール

　労働基準法により、使用者は、1日の労働時間が一定時間を超える労働者に対し、労働時間の途中に、休憩時間を与えることが義務づけられています。具体的には、①労働時間が6時間を超え8時間以内の場合は45分以上、②労働時間が8時間を超える場合は1時間以上の休憩時間を与えなければなりません。また、「労働時間の途中に」という条件があるので、1日の勤務が終了した後に休憩時間を与えることは労働基準法違反になります。

　多くの会社では「12時～13時を休憩時間とする」という形で、すべての労働者が一斉に休憩する制度を採用しています。これは労働基

● 休憩時間

休憩時間
- 労働時間が6時間を超え8時間以内の場合
  ⇒ 最低45分の休憩時間を付与
- 労働時間が8時間を超える場合
  ⇒ 最低1時間の休憩時間を付与

休憩時間の原則
- 一斉付与の原則：労働者に対し一斉に与える
  【例外】労使協定により一斉に付与しなくてもよい
- 自由利用の原則：労働時間からの解放と休憩時間の使い方の自由

準法が休憩時間の一斉付与の原則を定めているからです。したがって、労働者が交代制で休憩時間をとることは、一斉付与の原則に反し、原則として労働基準法違反になります。

ただし、使用者が事業場の過半数組合（過半数組合がない場合は過半数代表者）との間で「一斉休憩の適用除外に関する労使協定」を書面により結ぶことで、一斉付与の原則が適用除外になります。これにより、労働者は交代制で休憩時間をとることが可能になります。その他、接客娯楽業（飲食店など）、金融業、運輸交通業などの一定の業種では、労働者が一斉に休憩時間に入ってしまうと事業の運営が困難になる可能性が高いため、労使協定を結んでいなくても、一斉付与の原則が適用除外になります。

さらに、休憩時間中は労働者が労働から解放されることが保障されなければならず、休憩時間の過ごし方は労働者の自由です。これを自由利用の原則といいます。したがって、使用者が休憩時間と称していても、労働者に電話番をさせているような場合には、自由利用の原則に反し、労働基準法違反になります（電話番の時間は労働時間であると評価されます）。

3 労働時間、休憩・休日の適用除外（管理監督者など）

労働時間・休憩・休日が適用除外になる場合

　労働基準法は、労働時間・休憩・休日に関する規定が適用されない場合（適用除外）について規定を置いています。

　具体的には、①業種に基づく適用除外、②管理監督者・機密事務取扱者に対する適用除外、③監視・断続的労働従事者に対する適用除外の３つを定めています。とくに問題になるのは、②の管理監督者に対する適用除外ですが、まず①・③の適用除外について見ていきましょう。

　①の業種に基づく適用除外は、農業、畜産業、水産業などに従事する労働者に対して、労働時間・休憩・休日に関する規定の適用除外を認めます。これらの業種は天候などの自然環境に大きく影響されるため、法定労働時間、休憩時間、法定休日の規制の枠内で事業を運営することが難しいからです。

　③の監視・断続的労働従事者とは、ビル警備員や団地の管理人など、作業中の時間と作業の中断時間が繰り返されるような業務に従事する労働者をいいます。通常の労働者よりも作業の中断時間が多く、疲労や緊張の程度が弱いことから、適用除外が認められています。ただし、所轄労働基準監督署長の許可を得ることが適用除外の条件になっている点に注意が必要です。

管理監督者・機密事務取扱者の適用除外

　管理監督者とは、労働条件の決定その他労務管理について経営者と一体的な立場にある者のことです。他の労働者の労務管理を担い、経営者側に近い立場にあるという職務の特殊性から、労働時間・休憩・休日に関する規定の適用除外が認められています。

● 労働時間・休憩・休日に関する規定の適用除外

適用除外の類型	具体例など
① 業種に基づく適用除外	農業、畜産業、水産業の労働者　など
② 管理監督者・機密事務取扱者の適用除外	【管理監督者】 労働条件の決定その他労務管理について経営者と一体的な立場にある者 （例）工場長、人事部長　など 【機密事務取扱者】 経営者側の活動と一体不可分の者 （例）社長秘書　など
③ 監視・断続的労働従事者の適用除外	ビルの警備員、団地の管理人　など

機密事務取扱者とは、社長秘書などのように、経営者側と行動をともにすることが想定されるため、厳格な労働条件の管理になじまない人をさします。

管理監督者かどうかの判断基準

　管理監督者にあたるか否かは、労働者の役職名にとらわれず、その職務内容、責任と権限、勤務態様などの実態によって判断します。工場長、人事部長、支社長、店長などの役職名を与えられていても、いわゆる「名ばかり管理職」であるとして、管理監督者にあたらないと判断されるケースがあります。

　裁判例では、他の労働者の人事権や会社の重要事項に関する決定権を持っているか、つまり経営者と一体的な立場で仕事をしているかという点から判断する傾向があります。その他、就業時間について厳格な管理を受けていないか、賃金などの待遇面で優遇されているかという点も判断基準になると考えられています。

4 勤務間インターバル制度

勤務インターバル制度とは

　勤務間インターバル制度とは、前日の終業時間から翌日の始業時間までの間に、一定の時間（間隔）を置かなければならないとする制度です。労働者の十分な睡眠時間や休息時間を確保するとともに、労働者が長時間労働に拘束されることなく、ワーク・ライフ・バランスを確保できるようにすることが目的です。

　わが国では長らく長時間労働の是正が問題になっています。長時間労働の弊害として、前日の終業時間が遅いにもかかわらず、翌日の始業時間がいつもどおりであれば、労働者は十分な睡眠や休息をとることなく次の日に就業しなければなりません。しかも1日の労働時間も長時間にわたるため、労働者の健康を損なう要因になる危険性が大きいという問題もありました。

　勤務間インターバル制度を導入することで、労働者の終業時刻から次の始業時刻までの間に、一定の時間を置くことが義務づけられますので、前日の残業時間が延びてしまった場合は、その分だけ翌日の始業時刻も繰り下げられます。これにより、睡眠時間や休息時間を確保することが可能になります。

　一方、勤務間インターバル制度の下でも始業時刻を一定にするためには、勤務間インターバルを逆算的に考慮し、ある時刻を迎えた時点で強制的に終業させることが必要になるため、残業時間の長期化を防ぐことが期待できます。

働き方改革法との関係

　2018年に成立した働き方改革法にともなう労働時間等設定改善法

● **勤務間インターバル制度とは**

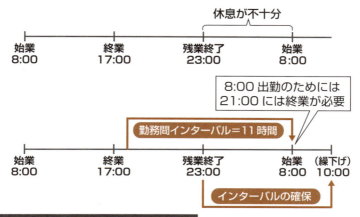

勤務間インターバルが11時間の場合
残業終了が前日23:00の場合は当日10:00前の出社不可

　の改正（2019年4月1日施行）により、使用者に対し勤務間インターバル制度を導入する努力義務が課せられました。勤務間インターバル制度の存在を多くの企業に知らせるとともに、その導入を促していくという狙いがあります。

　勤務間インターバル制度は、労働者の睡眠・休息の時間を強制的に確保する制度ですから、働き方改革法の目的のひとつである長時間労働の是正に合致するものだといえるでしょう。

勤務間インターバル制度の具体例

　勤務間インターバル制度を導入すると、企業の働き方がどのように変わるのか、具体例を通じて見ていきましょう。

　たとえば、就業時間が「8時から17時まで」と定めている会社において、勤務間インターバルとして「11時間の間隔を空けなければならない」と定めているとしましょう。

　この事例で、労働者に対し終業時刻（17時）以降に残業を行わせ

る場合において、終業時刻から11時間の勤務間インターバルを確保した上で、翌日8時の始業時刻に就業を開始させるには、遅くとも21時には労働者を終業させなければなりません。

このように、勤務間インターバル制度を導入すると、強制的に残業を終了して労働者を帰宅させなければならない時刻が決定するため、長時間の残業を抑制することができるとともに、労働者に生じる健康被害を防ぐ効果が期待できます。

これに対し、同じ事例において、労働者の終業時刻が21時を超えてしまった場合には、翌日の始業時刻を8時にするわけにはいきません。11時間の勤務間インターバルを確保しなければならないからです。たとえば、終業時刻が22時になったときには、翌日の始業時刻は9時に繰り下げられますし、23時が終業時刻のときには、翌日の始業時刻は10時ということになります。

以上のように、勤務間インターバル制度によって、労働時間の延長にともなって翌日の始業時刻が調整されるため、睡眠や休憩の時間を削られることもありません。

会社側がしなければならないこと

勤務間インターバル制度を導入するためには、会社が就業規則において、勤務間インターバル制度を導入することや、申請手続きなどを定めておかなければなりません。

とくに会社側が注意しなければならないのは、前日の残業が延びた場合に、勤務間インターバル制度により、翌日の所定始業時刻に労働者が出勤できない場合における、労働時間の算定方法に関する事項です。

前述の事例で、前日の終業時刻が23時であった場合、11時間の勤務間インターバルを確保するとなると、翌日の出勤可能時刻は10時にずれ込みます。しかし、労働者の所定始業時刻が8時であるため、この差にあたる2時間分について、賃金の取扱いが問題になるのです。

● **始業時間の繰下げと賃金の扱い**

- ・8時から10時まで労働したものとみなす
　⇒ 2時間分の賃金が支払われる
- ・始業時刻を10時に繰り下げるのみ
　⇒ 2時間分の賃金は支払われない

　とくに始業時刻が繰り下げられた場合には、労働者ごとに始業時刻が異なるため、不公平が生まれないように賃金の取扱いを就業規則で明記しておくことが重要です。

　始業時刻が繰り下げられた場合、実際に就業を開始した時刻以降を労働時間として扱い、本来の始業時刻からずれ込んだ時間に相当する時間は、賃金の支払対象から除くことも可能です。

　これに対し、所定始業時刻から繰り下げられた始業時刻までの間は労働したものとみなし、賃金の支払対象に含めると定める方法もあります。この場合、上記の事例では2時間分を労働したものとみなします。それぞれの企業の実態を考慮した上で、使用者が就業規則で明確に定めておくことが重要です。

　現在のところ、勤務間インターバル制度を導入している企業は1％強に過ぎず、十分に浸透していません。そのため、国が勤務間インターバル制度を導入した中小企業に「時間外労働等改善助成金（勤務間インターバル導入コース）」を交付することで、勤務間インターバル制度の導入を促しています。

5 変形労働時間制

柔軟な働き方を可能にする制度である

　法定労働時間（1日8時間、1週40時間）は、労働者の長時間労働を抑制するために守られるべき原則です。しかし、業務量が一定ではない事業や、極端に繁閑の差（忙しい時期と暇な時期の差のこと）が大きい事業においては、法定労働時間のルールが問題を生じさせる場合があります。

　たとえば、業務が忙しい時期は法定労働時間内に業務が終了せず、使用者は多くの残業代を支払わなければなりません。一方、業務が暇な時期は、労働者に割り当てる業務が少ないため、使用者側は賃金ばかり支払わされている感覚が強くなるかもしれません。労働者側にとっても、業務が忙しい時期と比べて、業務が暇な時期は残業代がゼロに近くなるため、賃金の落差が大きくなって、生活が不安定になるおそれがあります。そこで、法定労働時間を柔軟に取り扱う方法として、労働基準法では変形時間労働制を認めています。基本的には、一定の期間を単位として、週当たりの平均労働時間が法定労働時間の枠内であれば、特定の日あるいは特定の週に法定労働時間を超えて労働者を労働させることができるという制度です。

どんな種類や特徴があるのか

　労働基準法は、変形労働時間制として、①1週間単位の非定型的変形労働時間制、②1か月単位の変形時間労働制、③1年単位の変形時間労働制の3種類を定めています。

　変形時間労働制を採用すると、それぞれの単位として定められた期間内において、1週当たりの労働時間の平均が、1週当たりの法定労

● **変形労働時間制** ・・

| 変形労働時間制 | 1週当たりの平均労働時間が法定労働時間の枠内であれば、特定の日や週に法定労働時間を超えることが許される |

変形労働時間制の種類	単位
1週間単位の非定型的変形労働時間制	1週間
1週間単位の変形労働時間制	1か月以内の一定の期間
1年単位の変形労働時間制	1か月を超えて1年以内の一定の期間

働時間（原則として40時間）の枠内に収まっていれば、特定の日や週に法定労働時間を超える労働をさせたとしても、労働基準法違反にはあたりません。

　たとえば、4週間を単位として定めた変形時間労働制においては、「4週間×40時間（1週の法定労働時間）＝160時間」の枠内を守っていれば、たとえば、第1週に法定労働時間を超える45時間の労働をさせても、第2週は37時間、第3週は38時間、第4週は40時間のように、4週間の合計労働時間（45時間＋37時間＋38時間＋40時間＝160時間）が1週の法定労働時間の枠内に収まれば、労働基準法違反にはあたらないということです。

1週間単位の非定型的変形労働時間制について

　変形時間労働制のうち**1週間単位の非定型的労働時間制**については、業種が小売店・旅館・料理店・飲食店に限定される他、常時使用する労働者が30人未満の事業場に限定されています。

　さらに、1週間単位の非定型的変形労働時間制の採用に際し、過半数組合（ない場合は過半数代表者）との書面による労使協定の締結や、労働者への書面による事前の通知など、中小企業から見ると必要な手続きが多いため、あまり利用されていません。

6　1か月単位の変形労働時間制

1か月単位の変形労働時間制とは

　1か月単位の変形労働時間制とは、1か月以内の特定の期間において、労働時間を調整することによって、特定の週や日に法定労働時間を超える労働が許される制度をいいます。ただし、特定の期間について、1週間当たりの平均労働時間が40時間（特例措置対象事業場は44時間）を超えることはできません。

　1か月単位の変形時間労働制は、1か月の中で、特定の週に業務量が増加する一方、他の週は業務量が少ないなど、業務量に差が大きい業種において、使用者が効率的に労働者を使用できるというメリットがあります。たとえば、忙しい時期が月の前半に集中している工場や、タクシードライバーや病院のように深夜勤務の交替制を採用している業種などで、導入例が見られます。

導入するための要件や手続き

　1か月単位の変形労働時間制を採用するためには、就業規則を変更するか、過半数組合（ない場合は過半数代表者）との間で労使協定を締結した上で、所轄労働基準監督署長に届け出ることが必要です（就業規則の変更の届出は、常時10人以上を使用する事業場に限ります）。事業場内のすべての労働者を対象にするだけでなく、特定の部署・職種の労働者に限定することも可能です。

　使用者は、あらかじめ1か月単位の変形労働時間制を採用する1か月以内の期間（変形期間）を定めて、労働者に変形期間の開始日を書面で知らせます。その上で、使用者はシフト表などを作成し、変形期間における各日や各週の具体的な労働時間を特定して労働者に知らせ

● 1週間単位の変形労働時間制

> **1か月単位の変形労働時間制**【原則】1日：8時間　1週間：40時間
> **変形期間について、法定労働時間を超えて労働させることが可能**
> ◆ 就業規則や労使協定により、変形期間の起算日、具体的な労働時間の通知が必要
> ◆ 週の平均労働時間が40時間を超えることはできない
> ◆ 労働時間の上限に注意が必要

（例）1か月を変形期間とした場合に1か月が31日の場合
　　　40（週の法定労働時間）×31日÷7日＝<u>177.1時間</u>が上限
　　（特例措置対象事業場は194.8時間が上限）

ます。業務の都合があっても、変形期間中に使用者が任意に労働時間を変更することはできません。

　使用者側としては、1か月の労働時間の上限に注意しなければなりません。具体的には、労働者の変形期間における労働時間総数が「1週の法定労働時間（原則は40時間、特例措置対象事業場は44時間）×変形期間の暦日÷7日」により算出した労働時間数を超えることが許されません。たとえば、1か月を変形期間とした場合、1か月が30日の月は171.4時間（特例措置対象事業場は188.5時間）を超えて、労働者を労働させることはできません。

割増賃金はどのような場合に発生するか

　1か月単位の変形労働時間制を採用すると、週や日の法定労働時間を超えた労働に対する割増賃金が発生しなくなります。たとえば、変形期間中の特定の日の労働時間が10時間と定められている場合、労働者が10時間を超えた労働に従事しない限り、割増賃金は支払われません。一方、あらかじめ定めた労働時間を超える労働に対しては、割増賃金が発生する点に注意が必要です。

7　1年単位の変形労働時間制

1年単位の変形労働時間制とは

　1年単位の変形労働時間制とは、1か月を超えて1年以内の特定の期間において、特定の日や週に法定労働時間（1日8時間、1週40時間）を超える労働が許される制度をいいます。

　たとえば、冬期にお客が集中するスキー場や、季節ごとの商戦時期が明確なデパートなど、特定の時期に業務が集中する事業場において、その時期は労働者に長時間働いてもらい、他の時期は労働時間を短縮するように、業務の繁閑に応じて労働時間を配分することができる制度です。

導入するための要件や手続き

　1年単位の変形労働時間制を採用するためには、過半数組合（ない場合は過半数代表者）との間で書面による労使協定を結び、所轄労働基準監督署長に届け出ることが必要です。就業規則による導入は認められません。事業場内のすべての労働者ではなく、特定の部署・職種の労働者のみを対象にすることもできます。労使協定の締結時に1か月を超え1年以内の期間（対象期間）を設定しなければなりません。なお、対象期間における労働日数は、1年について280日が上限になります。

　対象期間においては、1週当たりの平均労働時間が40時間（特例措置対象事業場の例外はありません）の枠内であれば、1日10時間、1週52時間の範囲内で、法定労働時間を超える労働に従事させることができます。ただし、対象期間が3か月を超える場合に限り、長時間労働の抑制のため、①労働時間が1週当たり48時間を超える週は

● **1年単位の変形労働時間制**

要件	労使協定を結び所轄労働基準監督署長に届け出る
対象期間	1か月を超え1年以内の期間
特定期間	対象期間のうち、とくに業務が忙しい6日間について特定期間を設けることが可能 ⇒ 1週間に1日の休日を確保しなければならない
労働時間の上限	・1日10時間、1週52時間が限度 ・対象期間が3か月を超える場合は上限が追加される（労働時間が1週48時間を超える週が連続3週以下など）

連続して3週以下、②対象期間を3か月ごとに区切った各期間の中で、労働時間が1週当たり48時間を超える回数は3回以下、という上限が追加される点に注意を要します。

さらに、1年単位の変形労働時間制を採用した場合、連続して労働させる日数は6日が上限です。ただし、とくに業務が忙しい時期（特定期間）を設けた場合は、1週1日の法定休日を確保できる範囲で連続して労働させることができます。具体的には、最大12日間の連続労働が可能になります。

割増賃金はどのような場合に発生するか

対象期間中は、前述した上限を超えない範囲であれば、労働時間が法定労働時間を超えても割増賃金は発生しません。

ただし、対象期間中に労働者の入社や退職（解雇を含みます）などがあった場合は注意が必要です。これらの労働者は、対象期間より短い時間しか労働に従事していませんので、実際の労働時間を別途計算し、1週間当たりの平均労働時間が40時間を超える場合には、その超えた部分について割増賃金が発生します。

8 フレックスタイム制

フレックスタイム制とは

　フレックスタイム制とは、出社や退社の時刻について、労働者の自由を広く認める制度をいいます。どんなに能力が高い労働者であっても、介護や育児などの事情があり、使用者側が定めた始業時刻に出社できない日が多ければ、その企業で働くことができません。しかし、労働者が自ら出社や退社の時刻を決定することができるのであれば、労働者は自分のライフスタイルに合わせて働き続けることができます。使用者側としても、有能な労働者を雇用するチャンスが拡大します。

　フレックスタイム制を導入する場合は、3か月以内の期間（清算期間といいます）を設定し、その清算期間における総労働時間を定めます。2018年の働き方改革法の成立にともなう労働基準法の改正により、清算期間が1か月以内から3か月以内へと延長されています。総労働時間については、清算期間における1週間当たりの平均労働時間が40時間（特例措置対象事業場は44時間）を超えない範囲で定めます。たとえば、清算期間を1か月とした場合、1か月が31日の月については、「40時間÷7日×31日＝177.1時間」が定めることのできる総労働時間の上限になります。

　フレックスタイム制を導入する場合、労働者ごとに出社時間が異なるため、使用者が労働者を管理することが難しいという特徴があります。そこで、労働者が出社していなければならない時間帯を設定することが可能です。これを**コアタイム**といいます。コアタイムは曜日ごとに異なる時間帯を設定してもよく、1日の労働日の中で複数のコアタイムを設定することもできます。

　フレックスタイム制を導入する手続きは、対象となる労働者の範囲、

● フレックスタイム制

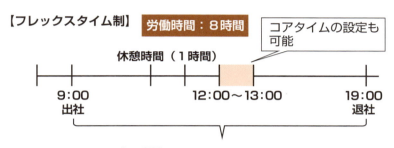

　清算期間、総労働時間、コアタイムなどについて、過半数組合（ない場合は過半数代表者）との間で書面による労使協定を締結しなければなりません。そして、1か月を超える清算期間を定めた場合は、所轄労働基準監督署長への届出が必要になります。

割増賃金はどのような場合に発生するか

　フレックスタイム制の下では、清算期間における総労働時間が定められているため、特定の日に法定労働時間を超える労働をさせたとしても、労働者について直ちに割増賃金が発生するわけではありません。清算期間における実際の労働時間を算定し、これが清算期間における法定労働時間の総枠を超える場合に、割増賃金が発生します。たとえば、清算期間を1か月とした場合、1か月が31日の月は、177.1時間が法定労働時間の総枠になります。

9 事業場外みなし労働時間制

事業外みなし労働時間制とは

　事業場外みなし労働時間制とは、労働者が事業場の外で業務に従事するため、労働時間の算定が難しい場合に、あらかじめ定めた労働時間（所定労働時間）を働いたとみなす制度をいいます。

　会社の外で働くことが想定される職種の労働者は、他の労働者と同じように労働時間を算定することは困難です。たとえば、外回りがメインの営業職や、出張中の労働者は、移動時間、実際に業務に従事している時間、休憩時間などの区別が必ずしも明確ではないため、実際に労働に従事している時間のみを特定することが難しいといえます。

　そこで、労働時間の管理を容易にするため、あらかじめ事業場外での労働時間を「所定労働時間」として定めておき、実際には所定労働時間よりも長く働き、あるいは短い時間しか働いていないとしても、所定労働時間を働いたものとみなすということです。

　ただし、事業場外みなし労働時間制の対象になるのは、使用者による具体的な指揮監督が及ばず、労働時間の算定が難しいと認められる労働者に限られます。たとえば、出張中の労働者であっても、タイムスケジュールが決まっている場合は、労働時間の算定が難しいとはいえないため、みなし時間労働時間制の対象になりません。ただ、事業場外にいる労働者に対し、使用者が携帯電話などにより指揮監督を及ぼすのは難しいことではないため、事業場外みなし労働時間制の対象に含まれる労働者は、実際には少ないと考えられます。

導入するためにどんな手続きが必要なのか

　事業外みなし労働時間制を採用する場合、所定労働時間を就業規則

● **事業場外みなし労働時間制**

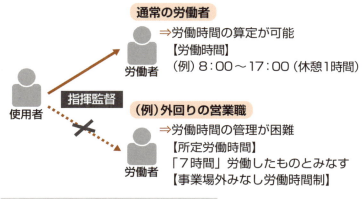

※**所定労働時間内では終了しない業務**
⇒ 通常必要とされる時間（通常必要時間）を定めることが可能
（例）通常必要時間を「10時間」とした場合、法定労働時間（8時間）を超える2時間分は割増賃金の対象になる

　に定めることが必要です（労働者が常時10人以上の事業場では、就業規則の変更の届出も必要です）。これにより、適用対象に含まれる労働者は、原則として実際の労働時間にかかわらず、所定労働時間に従って賃金の算定などが行われます。

　ただし、事業場外の業務の中には、所定労働時間内での終了が困難であることが想定できるものもあります。そのような業務については、所定労働時間とは別に、業務を処理するのに通常必要とされる時間（通常必要時間）を定めておくことができます。通常必要時間については、使用者が過半数組合（ない場合は過半数代表者）との間で書面による労使協定を結ぶ必要があります。そして、通常必要時間が法定労働時間（1日8時間）を超える場合は、所轄労働基準監督署長への届出も必要であり、法定労働時間を超える部分は割増賃金の支払対象に含まれます。

10 専門業務型裁量労働制

専門業務型裁量労働制とは

　労働時間の算定は、使用者の指揮命令の下で、実際に労働者が業務に従事した時間に基づいて行うのが原則です。しかし、労働者が従事する業務が専門的であるという性質上、業務の遂行の方法を大幅にその業務に従事する労働者の裁量にゆだねる必要があるため、業務の遂行の手段や時間配分の決定などを使用者が具体的に指示することが難しい場合があります。

　そこで、一定の専門的な業務（対象業務）に労働者が従事した場合に、あらかじめ定めておいた労働時間を働いたとみなす（みなし労働時間）ことを認めています。これを**専門業務型裁量労働制**といいます。たとえば、ある専門的な対象業務に従事する場合のみなし労働時間を「8時間」と定めておいた場合、労働者が対象業務に従事した時間が6時間であっても9時間であっても、労働時間は「8時間」とみなして賃金の算定などが行われます。

　専門業務型裁量労働制の対象業務は、厚生労働省令（厚生労働大臣が定める命令のこと）において19業務を定めています。たとえば、新商品の研究開発の業務、情報処理システムの分析・設計の業務、新聞記事の取材や編集の業務、新たなデザインの考案の業務、弁護士の業務などが挙げられます。

　もっとも、労働時間の配分を労働者の自由にまかせると、無理な長時間労働をしたり、労働時間を深夜主体に組み立てたりするなどして、労働者が自らの健康を損なうおそれがあります。そこで、専門業務型裁量労働制の対象労働者に対し、使用者は健康を確保する措置を講じる義務を負います。たとえば、対象労働者の出社・退社の時間に関す

● **専門業務型裁量労働制の対象になる19業務**

①新商品・新技術の研究開発、人文科学・自然科学の研究	⑧インテリアコーディネーター	⑮建築士
②情報処理システムの分析・設計	⑨ゲーム用ソフトウェアの創作	⑯不動産鑑定士
③新聞・出版事業の記事や放送番組などの取材・編集	⑩証券アナリスト	⑰弁理士
④衣服、室内装飾、工業製品、広告などの新たなデザインの考案	⑪金融工学などの知識を用いた金融商品の開発	⑱税理士
⑤放送番組や映画などの制作事業におけるプロデューサー・ディレクター	⑫大学における教授研究	⑲中小企業診断士
⑥コピーライター	⑬公認会計士	
⑦システムコンサルタント	⑭弁護士	

る記録を取り、勤務状況に応じて適切な休暇を与えるなどの措置を講じなければなりません。その他、対象労働者の苦情を処理する窓口を設けることも必要です。

どのような手続きが必要なのか

　専門業務型裁量労働制を導入するに際し、使用者は、過半数組合（ない場合は過半数代表者）との間で書面による労使協定を結び、所轄労働基準監督署長に届け出る必要があります。労使協定では、対象業務、対象労働者、対象労働者が働いたとみなされる労働時間（みなし労働時間）などを定めなければなりません。

　専門業務型裁量労働制は、業務の専門性に基づき、使用者が業務の進行や時間配分について具体的な指示をしないことが前提になります。したがって、労使協定において、対象労働者の対象業務に関する事項について、使用者が具体的な指示をしないことを確認しておく必要があります。

11 企画業務型裁量労働制

企画業務型裁量労働制とは

　労働者の中には、事業の運営に関する事項の企画・立案などを業務とする人がいます。これらは企業の中枢を担う重要な業務であり、担当する労働者の労働時間などについて使用者が指揮監督を徹底するよりも、労働者自身に広い裁量を認める方が業務を適切に遂行できると考えられています。

　そこで、事業の運営に影響を及ぼす事項に関する企画・立案・調査・分析（対象業務）を担当する労働者について、あらかじめ定めておいた労働時間を働いたとみなす（みなし労働時間）ことを認めています。これを**企画業務型裁量労働制**といい、専門業務型裁量労働制と同じく裁量労働制の一種です。たとえば、対象業務に従事する場合のみなし労働時間を「7時間」と定めておいた場合、労働者が対象業務に従事した時間が5時間であっても10時間であっても、労働時間は「7時間」とみなして賃金の算定などを行います。

　もっとも、企画業務型裁量労働制の対象になる労働者（対象労働者）は、使用者から業務の遂行の手段や時間配分について具体的な指示を受けないことを前提に、対象業務を適切に遂行するための知識や経験を持ち、対象業務に常時従事していることが必要です。たとえば、大学卒業後5年以上の職務経験がある主任以上の労働者は対象労働者に含まれるが、新入社員や配置転換されて間もない労働者は対象労働者に含まれないのが原則です。さらに、企画業務型裁量労働制の対象になる事業場（対象事業場）は、どこでもよいわけではなく、対象業務が存在する本店や支店などに限られる点も注意が必要です。

　なお、専門業務型裁量労働制と同様に、使用者は、対象労働者の健

● **企画業務型裁量労働制を導入するための手続き**

事業運営に関する企画・立案などをする労働者がいる

労使委員会の組織（対象事業場にない場合）
 5分の4以上の多数による決議
企画業務型裁量労働制に関する事項についての決議

所轄労働基準監督署長への届出

対象労働者の同意を得る

対象労働者に対する企画業務型裁量労働制の適用

康確保措置を講じるとともに、苦情を処理する窓口などを設けることが必要です。

どんな手続きが必要なのか

　企画業務型裁量労働制を採用するには、これを採用する事業場に労使委員会を設置することが必要です。労使委員会とは、使用者側と労働者側が半数ずつの委員で構成する機関です。企画業務型裁量労働制に関する事項に限らず、広く労働者の労働条件に関して調査・審議をする権限を持ちます。

　労使委員会が、対象業務、対象労働者、みなし労働時間などについて委員の5分の4以上の多数で決議した場合に、対象事業場で企画業務型裁量労働制を採用できます。労使委員会は決議内容を所轄労働基準監督署長に届け出る他、6か月以内に1回の定期的な報告義務を負います。そして、企画業務型裁量労働制の適用に際しては、対象労働者の同意が必要です。同意しない労働者に対し、使用者が不利益な取扱いをすることは許されません。

12 特定高度専門業務・成果型労働制（高プロ制度）

特定高度専門業務・成果型労働制とは

　2018年の働き方改革法の成立にともなう労働基準法改正（2019年4月1日施行）により、特定高度専門業務・成果型労働制が導入されました。一般的には**高度プロフェッショナル制度（高プロ制度）**と呼ばれています。労働者が従事する業務の中には、その専門性の高さから、短い時間で大きな成果を挙げることができる業種など、業務に従事した時間と成果の関連性が高くない業種が存在します。そこで、「労働時間に応じて賃金を支払う」という労働時間と賃金の結びつきを切り離し、業務の成果に基づいた成果報酬を支払う制度を採用することを可能にしました。

　高プロ制度の対象になる業務（対象業務）は、高度な専門的知識などが必要で、業務に従事した時間と成果との関連性が強くない業務であることが要求されます。具体的には、金融商品の開発業務、企業や市場の高度な分析業務（アナリスト業務）、コンサルタント業務などが対象業務にあてはまります。

　高プロ制度は、その対象になる労働者（対象労働者）について年収要件を設定しているのが特徴的です。1年間に確実に見込まれる賃金額が平均給与額の3倍程度（年収1075万円程度）を上回る労働者だけが対象労働者に含まれます。ただ、年収に含まれる金額が明確でなく、かりに通勤手当などの諸手当も年収に含まれると、実質的な年収要件がより低額になる点が指摘されています。

どんなメリットや問題点があるのか

　高プロ制度は、対象業務に従事する対象労働者に対し、労働時間・

● 特定高度専門業務・成果型労働制（高プロ制度）

対象労働者 → 労働時間・休日・休憩・深夜に関するルールが適用されない

・高度な専門的知識が必要な業務に従事している
・一定額以上の年収がある（年収1075万円程度以上）

労働時間と賃金の結びつきが切り離され、成果に対する報酬が支払われる

【高プロ制度の懸念点】
・長時間労働により健康を損なう危険
・残業代ゼロ法案との批判　など

休日・休憩・深夜労働に関する労働基準法の規定を適用しないのがポイントです。したがって、労働時間などのルールにとらわれることなく、自ら業務の進行に合わせて適切な労働時間の配分などを行い、効率的に最良の成果をめざすことができます。

しかし、労働者が長時間労働に陥ったり、深夜中心に労働時間を設定したりすることで、健康を損なうおそれが高まることが指摘されています。さらに、使用者が時間外・休日・深夜の各労働に対する割増賃金を支払う必要がなくなるため、残業代ゼロ法案を認めたに等しいとの批判的意見もあります。

導入するためにどんな手続きが必要なのか

高プロ制度を採用する場合は、企画業務型裁量労働制と同様に労使委員会を置いて、対象業務、対象労働者などについて5分の4以上の多数による決議をして、所轄労働基準監督署長に届け出る必要があります。その上で、対象労働者の同意を得なければなりません。使用者は、高プロ制度に同意した対象労働者の健康確保措置として、1年間に104日間の休日を確保するなどの義務を負うことにも注意を要します。

13 子育て期間中の労働時間の配慮

どんな制度があるのか

　育児・介護休業法（正式名称は「育児休業、介護休業等育児又は家族介護を行う労働者の福祉に関する法律」）では、小学校就学前までの子を養育している労働者を対象にして、育児中の労働者の負担を軽減し、仕事と育児の両立を支援するという目的から、短時間勤務制度、所定外労働時間の制限、看護休暇などの制度を設けています。これらの制度は女性労働者だけでなく、男性労働者も利用することができます。子育てに関しては、母親である女性労働者だけでなく、父親である男性労働者も積極的に参加することが求められているからです。

　これらの制度を申請したり、あるいは利用した労働者に対し、使用者が解雇、減給、降格などの不利益な取扱いをすることは禁止されています。さらに、事業主（会社）は、育児中の労働者に対し人事異動や転勤などを命ずる場合には、労働者の育児環境や状況などに配慮しなければなりません。

3歳未満の子を養育する労働者のための制度

　3歳未満の子を養育する労働者は、事業主に申し出ることで、1日の所定労働時間を原則6時間に短縮する**短時間勤務制度（育児短時間勤務）**の利用が可能です。また、所定労働時間を超える労働（所定外労働）の免除の申出もできます。事業主は、労働者からの申出を拒否できません。なお、事業場の過半数組合（ない場合は過半数代表者）との書面による労使協定により、雇用期間が1年未満の労働者などを短時間勤務制度の対象外にすることができます。

● **子育て期間中の労働時間の配慮**

0歳～1歳	3歳未満	3歳から就学まで
育児休業（一定の要件を満たすと最大2歳まで延長可）	・短時間勤務（所定労働時間6時間） ・所定外労働の免除	・子の看護休暇 ・時間外労働の制限 ・深夜業の免除

労働者から申出があった場合、事業主（会社）は、原則として、その申出を拒むことができない

小学校就学前の子を養育する労働者のための制度

　小学校就学前の子を養育する労働者は、1か月で24時間、1年間で150時間を超える時間外労働の制限を申し出ることができます。また、深夜業（午後10時から翌日午前5時までの勤務）の免除の申出もできます。事業主は、事業の正常な運営を妨げる場合を除き、労働者から申出を拒否できません。

　一方、小学校就学前に関する短時間勤務制度や所定外労働の制限への対応は、事業主の努力義務にとどめられていますので、これらの申出を事業主が拒否しても必ずしも違法にはなりません。

子の看護休暇

　小学校就学前の子を養育する労働者は、子の病気やケガなどの理由で、その子の診察、通院、予防接種などに要する休暇が必要になった場合、子の看護休暇を申し出ることができます。小学校就学前の子が、1人の場合は年5日、2人以上の場合は年10日まで取得することができ、半日単位の取得も可能です。事業主は看護休暇の申出を拒否できません。なお、労使協定により雇用期間が1年未満の労働者などを子の看護休暇の対象外にすることができます。

14 短時間正社員制度

どんな制度なのか

　短時間勤務制度には、育児・介護休業法に基づく短時間勤務（育児短時間勤務）とは別に、法律に基づかない任意の制度である短時間正社員制度があります。フルタイムの正社員と比べたときに、業務内容は同一であるものの、1週当たりの所定労働時間が短い正社員として労働することができます。

　育児短時間勤務のように、短時間勤務の理由が育児だけに限定されるわけではありません。介護やボランティア活動など、さまざまな制約があるため、フルタイムで働くことができない労働者が、短い勤務時間や勤務日数で働きながら、介護やボランティア活動などと両立ができるように設けられた制度です。

　短時間正社員とは、使用者との間で期間の定めのない労働契約を締結しており、時間当たりの給与や、賞与・退職金などの算定方法が、同一の業務に従事しているフルタイム正社員と同等であるという条件に当てはまる労働者のことを意味します。

制度を利用するメリットとデメリット

　短時間正社員制度を利用する場合、労働者側にとっては、業務の効率化、正社員登用による円滑なキャリア形成、長時間労働からの解放によるワーク・ライフ・バランスの実現など、さまざまなメリットがあります。フルタイムで働くことが難しく、パートタイマーなどの有期雇用として働く労働者にとっても、短時間正社員制度を通じて正社員登用への機会が増え、キャリアアップのチャンスが広がるというメリットがあります。

● 短時間正社員制度

	メリット	デメリット
労働者	業務の効率化 正社員登用による円滑なキャリア形成 ワーク・ライフ・バランスの実現	フルタイム正社員との不均衡 ↑ 労働条件や勤務時間など、公正に設定することが必要
使用者（社会）	意欲や能力のある多様な人材を確保 生産性の向上や企業競争力の強化 労働環境の満足度の向上	
社会	少子高齢化社会への対応 労働人口減少に対する対応	

　使用者側にとっても、意欲や能力のある多様な人材を確保することが可能になるとともに、業務の効率化による生産性の向上、企業競争力の強化、労働環境の満足度の向上などのメリットがあります。さらに、労働人口の減少や、少子高齢化などの社会的な問題に対しても、社会的責任を果たすことが可能になります。

　しかし、短時間正社員は勤務時間が短いことから、フルタイム正社員と比べて業務実績や結果が量的に少なくなり、フルタイム正社員との間にさまざまな不均衡が生じるというデメリットがあります。使用者は、労働者間の不均衡が生じないよう、業務量や賃金などについて慎重に設定しなければなりません。

どのように管理するのか

　短時間正社員制度を導入する場合、使用者は、短時間正社員のニーズやキャリア形成を考慮し、労働に見合った人事評価や賃金が得られるよう、公正に検討しなければなりません。労働条件や勤務時間、勤務日数なども慎重に設定していくことが必要です。

　さらに、就業規則や社内規程などを見直し、企業内の労働環境を整備していくことも求められています。

15 在宅勤務制

どんな制度なのか

　パソコンや電話、インターネットなどの情報通信技術（ICT）を利用し、業務の全部または一部を自宅などの会社外で行う勤務形態のことを**在宅勤務制度**（テレワーク）といいます。在宅勤務制度を利用する労働者は、企業との間で雇用契約を締結し、その契約に基づいた業務を会社外の場所で行います。

　情報通信技術の発達により、育児や介護などの事情で働くことができなかった人も、在宅勤務制度を利用して働くことが可能になりつつあります。労働人口の減少や少子高齢化社会への対応として、在宅勤務制度を導入する企業が少しずつ増えています。

　なお、企業との間で請負契約を結ぶ在宅勤務制度もありますが、労働者ではなく個人事業主として在宅勤務をすることになり、労働基準法などが適用されなくなる点に注意を要します。

制度を利用するメリットとデメリット

　在宅勤務制度を利用すると、労働者側にとっては、事業場に通勤する必要がないため、通勤時間分を仕事以外のさまざまな用途に活用するなど、時間を有効に利用することができます。

　使用者側にとっても、業務に使用するパソコンや電話などは労働者個人の所持品になる場合が多いため、通勤手当分などを含めて使用者側が負担する経費を削減できます。さらに、労働者が育児や介護を理由に離職されるのを防止できる他、災害により交通が遮断された場合も業務を継続することが可能になります。

　これに対し、労働者が自宅などで1人で業務をするため、使用者側

● 在宅勤務制

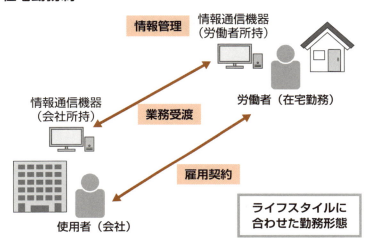

による労働時間の管理が難しいのがデメリットです。たとえば、労働者が休憩時間を確保せずに業務をしたり、深夜中心に業務をするのを、本来は使用者が阻止すべきですが、そのような労務管理が困難になる傾向があります。また、業務に使用する情報通信機器が労働者個人の所持品である場合は、情報漏えいなどの危険性も考えられます。

どのように管理するのか

在宅勤務制度を導入する場合、使用者は、在宅勤務制度の対象者の就業時間や社内情報の管理などのため、就業規則の見直しや対象者に適用する新たな規程の作成などをすることが必要です。

たとえば、労働者の勤務状況を管理するため、就業時間の報告方法を定めたり、使用する情報通信機器に関する規程や、情報漏えい防止のための規程を新たに作成したりするなど、企業内の事情に合わせて十分な対策を講じることが求められます。

さらに、使用者は労働者の健康保持のため、適切な助言や情報発信をしていくことも必要とされています。

16 未成年者の労働時間

未成年者とは

　未成年者は20歳未満の者のことです（2022年4月1日に「18歳未満」に引き下げられる予定です）。さらに、未成年者のうち18歳未満の者を年少者といい、15歳に達した日以後の最初の3月31日が終了するまでの者（中学生以下の者）を児童といいます。

　労働基準法においては、憲法37条3項が定める「児童の酷使の禁止」をふまえ、さまざまな形で未成年者を保護しています。

法律上の原則ルール

　労働基準法は、原則として児童を労働者として雇うことを禁止しています。ただし、13歳以上の児童に対し健康や福祉に有害でない業務につかせる場合（映画や演劇の業務につかせる場合は13歳未満の児童も含みます）に限り、所轄労働基準監督署長の許可を条件として、学校の修学時間外に業務につかせることが可能です。この場合、学校生活に差し支えないことを証明する学校長の証明書と、親権者または後見人の同意書の提出が必要です。

　これに対し、年少者を労働者として雇うことは可能ですが、深夜労働（22時から翌日5時までの労働）、時間外労働（法定労働時間を超える労働）、休日労働（法定休日の労働）、変形労働時間制による労働が原則禁止されています。また、年少者に対する雇用制限として、重量物取扱業務、危険有害業務、坑内労働が禁止されています。年少者を雇用する使用者は、年少者の年齢を証明する公的書類を事業場に備え付けることが必要です。なお、児童を雇用する場合も、基本的に年少者に関する規定が適用されます。

● 未成年者の労働時間（原則）

	児童 （中学生以下）	年少者 （18歳未満）	未成年者 （20歳未満）
労働禁止	原則禁止	○	○
時間外労働	×	×	○
労働時間（1日）	7時間 （修学時間と合わせて）	8時間	8時間＋残業
労働時間（1週）	40時間 （修学時間と合わせて）	40時間	40時間＋残業
変形労働時間時間制	×	×	○
深夜労働	×	×	○

年少者に関する例外規定

　使用者は、交替制により使用する16歳以上の男性に限り、例外的に深夜労働につかせることが可能です。

　時間外労働の禁止の例外については、児童にあたらない年少者は、1週間のうち1日の労働時間を4時間以内にすれば、他の日の労働時間を10時間まで延長できます。

　変形労働時間制の禁止の例外についても、児童にあたらない年少者は、1日8時間、1週48時間を超えなければ、1年単位・1か月単位の変形労働時間制の適用が可能です。

契約締結上の注意点

　未成年者の労働契約について、親権者や後見人が、未成年者の代わりに締結することは禁止されています。未成年者の代わりに親権者や後見人が賃金を受け取ることもできません。

　ただし、未成年者は身体的・精神的に未熟であるため、未成年者に不利な労働契約が締結された場合などには、親権者や後見人は、未成年者に代わり契約を破棄（解除）することができます。

Column

副業と禁止規定

　副業とは、本業以外に収入を得る仕事のことをいいます。他の企業とも雇用契約を結んで働く場合の他、インターネットを利用した個人で請け負う副業も注目されるようになりました。実際のところ、憲法には「職業選択の自由」が規定されており、法令上、民間企業で働く労働者の副業を規制する条文はありません。「働き方改革」の一環で、従来多くの企業が禁止してきた副業にも注目が集まり、最近では労働者の副業を認める企業も現れています。

　しかし、現在も多くの企業においては、就業規則に副業禁止規定があり、労働者の副業が制限されています。つまり企業が副業を禁止する根拠となっているのは、それぞれの企業ごとに存在する就業規則です。企業側が副業を禁止する理由としては、情報漏えいの恐れや労働者の体調不良への不安などがあります。

　また、労働者は、基本的に注意力のすべてを職務の従事に充てなければなりません（職務専念義務）。副業は、職務専念義務との関係でも問題になるおそれがあります。就業規則で完全に副業を禁止できないと考えられていますが、勤務時間中の副業の禁止、本業に支障をきたす副業の禁止、競合他社での副業の禁止など、正当な理由がある場合には、例外的に副業禁止規定も有効とされています。就業規則に違反した労働者に対する懲戒処分についても、合理的な理由があれば企業側の正当性が認められた裁判例もあります。

　一億総活躍社会の実現が政策目標とされ、最近では全面的に副業を解禁する動きもある中、今後多くの労働者が副業に取り組めるような環境になることが予想されます。企業の中には、許可や届出を労働者に義務づけた上で、副業を認める企業もあります。本業に支障がない範囲で、体調管理や仕事のスケジュール調整をふまえた上で、無理のない副業を考えていくことが大切です。

第4章
賃　　金

1 賃　　金

賃金とは

　労働基準法 11 条は、「賃金、給料、手当、賞与その他名称の如何を問わず、労働の対償として使用者が労働者に支払うすべてのもの」が**賃金**であると定めています。つまり、使用者が労働の対価として労働者に支払うものは、すべて賃金として扱われます。

　これに対し、家族手当・住宅手当などの諸手当、結婚祝金・病気見舞金・死亡弔慰金などの慶弔見舞金、ボーナス（賞与）、退職金については、必ずしも労働の対価と認められず、使用者から任意に支給される恩恵的給付にあたると考えられるので、基本的には賃金として扱われません。

　しかし、就業規則や労働協約などで支給条件が明確に示されており、それに従って使用者に支払義務があるものであれば、労働の対価と認められ、賃金として扱われます。たとえば、ボーナスの支給条件が就業規則に明記されていれば、その条件に従って支給されるボーナスが賃金として扱われます。

　その他、ホテルやレストランなどの労働者が客から受け取るチップは賃金として扱われません。チップは使用者が労働者に支払うものではないからです。ただし、労働者が客から受け取ったチップを使用者がいったん回収し、それを労働者に再配分する場合は、労働の対価と認められ、賃金として扱われます。

　資金の貸付や住宅の貸与などは、労働者の福利厚生のために使用者が支給する費用（福利厚生費）であるため、賃金として扱われません。ただし、住宅の貸与を受けない労働者に対し、使用者が一定額の補助金を支給している場合、その補助金は賃金として扱われます。

● 賃金

賃金に該当する場合	賃金に該当しない場合
支給条件が明確な退職金や見舞金など	使用者が任意に与える見舞金など
臨時に支給され、慣例などで支給が期待されている現物給与	祝日や会社の創立記念日などに支給される現物給与
支給条件が明確な通勤手当や通勤定期券	出張旅費
住宅貸与を受けない労働者への補助金	住宅の貸与
使用者が立て替えた社会保険料などの労働者の負担部分	制服や作業服など
いったん使用者が回収し、労働者に再配分するチップ	労働者が客から受け取るチップ

　作業服や出張旅費などの業務費は、本来的に使用者側が支払うべきものなので、賃金として扱われません（労働者側が立て替えたときは精算が必要です）。一方、通勤手当や通勤定期券は、本来的に労働者が支払うべきものなので、退職金などと同じく、支給条件が明確に示されている場合に賃金として扱われます。

　注意すべきところは、結婚祝金、病気見舞金、退職金などの恩恵的給付は、あらかじめ支給条件が示されている場合に、労働基準法が定める賃金とみなされますが、社会保険の対象となる給与（報酬）とはみなされないという点です。法律によって「賃金」「給与」とみなされる範囲が異なることに注意が必要です。

賃金支払いの5原則

　賃金は、労働者の生活を支える大切なものであるため、使用者は厳格なルールの下で、労働者に対し確実に賃金を支払う義務を負っています。労働者の生活の安定のため、賃金から何かを差し引いて労働者

に支払うのは避けなければなりません（全額払いの原則）。経済社会は金銭を中心に成り立っているため、賃金は金銭で支払われることが必要です（通貨払いの原則）。さらに、賃金が定期的に支払われないと、労働者の生活が不安定になるため、賃金が定期的に支払われることも重要です（一定期日払いの原則など）。労働基準法では、賃金の支払方法につき5つの原則を定めており、これを**賃金支払いの5原則**といいます。

平均賃金とは

年次有給休暇を取得した場合の賃金や、休業手当、解雇予告手当など、労働基準法の定めで支払いが義務づけられている手当などを算定するための基準になる金額を**平均賃金**といいます。平均賃金は、算定事由発生日の前日から起算して過去3か月間に労働者に支払われた、賞与を除いた賃金の総額を、その3か月間の総暦日数で割ることで算出します（⇨ P.140 参照）。

最低賃金とは

最低賃金法に基づき、使用者が労働者に支払う賃金の最低額として国が定めたものを**最低賃金**といいます。最低賃金には、都道府県ごとに定められる地域別最低賃金と、特定の産業や職業を対象とする特定最低賃金の2種類があり、どちらか高い方の金額が労働者の最低賃金になります。

使用者は労働者に対し最低賃金額以上の賃金を支払わなければなりません。労働契約のうち最低賃金額より低い賃金を定めた部分は無効となり、無効となった部分は最低賃金額が適用されます。

ただし、精神または身体に障害のある労働者や、試用期間中の労働者などにつき、使用者が都道府県労働局長の許可を受けることで、特例として最低賃金の減額が認められる場合があります。

● 賃金支払いの5原則

賃金払いの5原則	内　容
① 通貨支払いの原則	賃金は通貨で支払わなければならない ※通貨は日本円に限定され、外国通貨は認められない ※労働者との合意による銀行口座への振り込みや、労働協約による現物支給（通勤定期券など）が例外的に認められる
② 直接払いの原則	賃金は直接労働者に支払わなければならない ※家族などの代理人や賃金債権の譲受人への支払いは禁止されている
③ 全額払いの原則	賃金は所定の全額を支払わなければならない ※賃金から社会保険料や所得税などの税金を控除することは可能
④ 毎月1回以上の支払いの原則	賃金は毎月1回以上は支払わなければならない ※年俸制を採用する場合でも、年俸額を分割して毎月1回以上支払わなければならない
⑤ 一定期日払いの原則	賃金は一定の期日（支払日）を特定して支払わなければならない

昇給や賃金引下げの可否

　労働基準法において、昇給については、就業規則の絶対的必要記載事項として規定があるだけで、昇給方法や金額、時期などの具体的内容は定めていません。昇給の可否など、その具体的内容は使用者側の判断にゆだねられていると考えられます。

　これに対し、賃金引下げについては、労働条件の不利益変更にあたるので、原則として労働者の同意が必要です。ただし、就業規則の変更による賃金引下げは、合理的な理由がある場合に限り、労働者の同意が不要です（⇨ P.27参照）。その他、労働組合との労働協約の締結により、その労働組合の組合員の同意を得ずに、その組合員の賃金を引き下げることは可能です。

2 割増賃金

割増賃金が必要な場合とは

　通常の労働時間や労働日の賃金の計算額に対し、一定の割合を乗じた賃金のことを**割増賃金**といいます。正社員やパートタイマーなどの雇用形態を問わず、割増賃金に関する規定はすべての労働者に適用されます。使用者に対し割増賃金の支払義務が生じるのは、労働者に時間外労働、休日労働、深夜労働をさせた場合です。

　たとえば、時間外労働の割増賃金（時間外手当）は、1日8時間あるいは1週40時間（特例措置対象事業場では1週44時間）という法定労働時間を超える労働をさせた場合に、25％以上の割増率による割増賃金の支払義務が生じます。

　使用者が労働者に対し時間外労働をさせるためには、過半数組合（ない場合は過半数代表）との間で三六協定という労使協定を締結し、所轄労働基準監督署長に届け出ることが必要です。そのため、三六協定が存在しない（あるいは届出をしていない）のに時間外労働をさせるのは労働基準法違反になりますが、そのような場合も使用者には割増賃金の支払義務が生じます。

　これに対し、使用者側が就業規則などで定める労働時間（所定労働時間）が法定労働時間よりも短い場合に、1日8時間、あるいは1週40時間を超えない労働時間のことを**法定内残業**（所定外残業）と呼んでいます。法定内残業に対しては、使用者に割増賃金の支払義務が生じないので、割増賃金を支払うかどうかは、使用者が任意に就業規則などで定めることになります。

● **割増賃金の種類と割増率**

種類	支払う条件	割増率
時間外労働（時間外手当）	法定労働時間（1日8時間、1週40時間）を超える労働をさせたとき	25％以上
	時間外労働が1か月60時間を超えたとき（60時間を超えた部分）	50％以上
休日労働（休日手当）	法定休日（原則として週1日）に労働させたとき	35％以上
深夜労働（深夜手当）	22時から翌日5時までの間に労働させたとき	25％以上

割増賃金の種類と割増率

　割増賃金には、①時間外労働に対する時間外手当（残業手当）、②休日労働に対する休日手当、③深夜労働に対する深夜手当の3種類があります。

　時間外手当とは、1日8時間あるいは週40時間（特例措置対象事業場では1週44時間）という法定労働時間を超えて労働させた場合に支払われる割増賃金です。時間外手当の割増率は、原則として25％以上ですが、1か月について60時間を超える部分は50％以上になります。なお、50％の割増率は中小企業への適用が猶予されていましたが、2018年の働き方改革法にともなう労働基準法改正により、この猶予措置が2023年4月1日に廃止されることが決まりました。

　休日手当とは、1週間に1日以上あるいは4週間に4日以上の法定休日に労働させた場合に支払われる割増賃金です。法定休日は曜日を問いません。休日手当の割増率は35％以上です。

　深夜手当とは、22時から翌日5時までの間に労働させた場合に支払われる割増賃金です。深夜手当の割増率は25％以上です。

　割増賃金は重複して発生する場合もあります。たとえば、時間外労

働と深夜労働が重複する場合の割増率は50％以上（25％＋25％）になります。

どのように計算するのか

　割増賃金を計算するときは、所定労働時間を働いた場合に支払われる賃金を時給に換算した金額を用います。この金額を「割増賃金の基礎となる賃金」と呼ぶことがあります。

　ここでの「賃金」には、皆勤手当などの各種手当が含まれるのに対し、家族手当、別居手当、通勤手当、子女教育手当、住宅手当、臨時に支払われた賃金、賞与（1か月を超える期間ごとに支払われる賃金）は含まれません。ただし、家族手当や通勤手当などであっても、個人的事情を度外視して、一律の額で支給されるような場合には「賃金」に含まれることに注意を要します。

　そして、時給制、日給制、月給制に応じて、割増賃金の基礎となる賃金を計算する方法が異なります。

　賃金が時給制の場合は、時給単価がそのまま割増賃金の基礎となる賃金になります。

　日給制の場合は、「日給額÷1日の所定労働時間」が割増賃金の基礎となる賃金になります。ただし、日によって労働時間が異なることもあり得ます。たとえば、昨日は8時間労働し、今日は6時間労働したような場合です。その場合は、「1週間の所定労働時間÷1週間の労働日÷日給額」によって、割増賃金の基礎となる賃金を計算することになります。

　週休制の場合は、「週給額÷1週間の所定労働時間」が割増賃金の基礎となる賃金になります。日給制の場合と同様に、週により所定労働時間が異なる場合があります。その場合は、「4週間の所定労働時間÷4÷週給額」によって、割増賃金の基礎となる賃金を計算することになります。

● 割増賃金の計算例

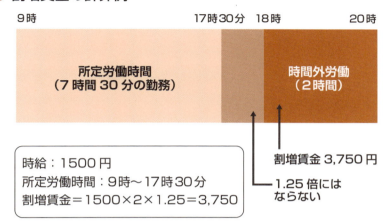

　月給制の場合は、まず月平均所定労働時間の算出が必要となります。就業規則などでは所定労働日数が定めていますが、たとえば、土日祝日を所定休日と定めている場合は、1年間の日数である365日（閏年は366日）から年間の所定休日の日数を差し引いて所定労働日数を求めてから、「所定労働日数÷12×1日の所定労働時間」によって月平均所定労働時間を求めます。年間の所定労働日数が240日、1日の所定労働時間が8時間とすると、「240÷12×8＝160時間」が月平均所定労働時間になります。

　このとき、月給30万円、通勤手当1万円、家族手当1万円の労働者が、月20時間の時間外労働をした場合の割増賃金を計算してみましょう。通勤手当や家族手当は「賃金」に含めませんので、「月給÷月平均所定労働時間」によって割増賃金の基礎となる賃金を求めてから、1.25と時間外労働の時間数を掛けます。

　そうすると、「30万円÷160時間×1.25×20時間＝46,875円」が割増賃金になります。

3 固定残業代

固定残業制とは

　一定時間の残業（時間外労働など）が発生することを想定し、残業の発生の有無を問わず、毎月の残業代を固定額で支払う制度のことを固定残業代制（みなし残業制）といい、固定残業代制の下で支払われる固定額の残業代のことを **固定残業代（みなし残業代）** といいます。

　割増賃金の支払いに際して、使用者は、それぞれの労働者に発生した残業の時間数に基づき、賃金の額を正確に計算することが必要です。このような労務管理の手間を軽減するため、残業が発生しても発生しなくても、毎月発生すると想定される時間分の残業代を支払うのが固定残業代です。

固定残業代制を導入するための条件

　固定残業代制については、労働者側に不利益となる場合が多いため、その導入に際しては厳しい条件が設定されています。

　まず、固定残業代制を導入することを労働者に周知させていることが必要です。使用者は、就業規則に固定残業代制に関する規定を設けるなど、書面で明確に周知させなければなりません。

　次に、固定残業代の額とそれに対応する残業時間（固定残業時間）を、就業規則などで明記しなければなりません。たとえば、「基本給25万円（30時間分の固定残業代5万円を含む）」のように、基本給と固定残業代の部分を明確に区分した上で、固定残業代は何時間分の残業時間なのかを明記しなければなりません。

　さらに、実際の残業時間が固定残業時間より少なくても、固定残業代の減額を行わず、実際の残業時間が固定残業時間を超えた場合は、

● **固定残業手当**

（例）月給 25 万円（30 時間分の固定残業代 5 万円を含む）

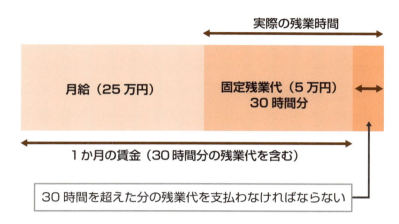

その分の残業代（割増賃金）を追加で支払うことを、就業規則などで明記しなければなりません。

固定残業代制の問題点

　労働者が固定残業時間を超える残業をした場合、使用者がその超えた部分の残業代を支払わないという問題があります。たとえば、固定残業時間を月 30 時間とする会社が、労働者に月 35 時間残業をさせたのに、5 時間分の残業代を支払わない場合です。この場合は、固定残業代に加えて 5 時間分の残業代を支払わなければなりません。

　固定残業代が労働基準法で定める最低賃金を下回る場合も問題となります。たとえば、固定残業代を 2 万円（月 40 時間分）としている場合、固定残業代は時給 400 円（割増率を加えても 500 円）に換算され、明らかに最低賃金額を下回ります。

　このような固定残業代制は違法となるため、使用者は労働者に対し、最低賃金額との差額分の残業代を支払わなければなりません。

4 三六協定

三六協定とは

　使用者が労働者に対し時間外労働や休日労働をさせる場合、使用者と事業場の過半数組合との間で、書面により時間外・休日労働に関する協定を締結し、この協定書を所轄労働基準監督署長に届け出る必要があります。この協定を三六協定といいます。

　三六協定の名称は「労働基準法36条」に規定されていることから付けられています。そして、過半数組合とは、労働者の過半数で組織されている労働組合のことです。事業場に過半数組合がない場合には、過半数代表者（労働者の過半数を代表する者）が使用者との間で三六協定を締結します。

　使用者は、三六協定の締結や所轄労働基準監督署長への届出を怠っているにもかかわらず、労働者に対し時間外労働をさせた場合には、労働基準法違反として6か月以下の懲役もしくは30万円以下の罰金に処せられます。なお、労働基準法に違反する時間外労働に対しても、使用者は時間外手当（残業代）を支払わなければなりません。

　三六協定を締結するときは、①時間外労働や休日労働が必要な具体的理由、②時間外労働や休日労働をさせる業務の種類と労働者数、③1日・1か月・1年当たりの時間外労働の上限、④休日労働をさせることができる日数・時間数、⑤三六協定の有効期間などを定める必要があります。とくに③については、1か月45時間および1年360時間の上限と、健康上有害な業務や坑内労働などに関する1日2時間の上限を遵守しなければなりません。

　三六協定の締結や届出による使用者への効果は、三六協定で規定した範囲であれば、労働者に時間外労働や休日労働をさせても処罰され

● 三六協定

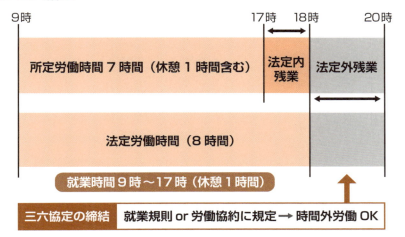

ないという点にすぎません。したがって、三六協定を締結するだけでは、労働者に対し時間外労働や休日労働をさせることができません。就業規則や労働協約などに「業務上の必要がある場合は、三六協定の範囲内で時間外・休日労働を命じることができる」という内容を明記したときに、はじめて個々の労働者に対し時間外労働や休日労働をさせることができます。

特別条項付き三六協定とは

特別条項付き三六協定とは、臨時的な特別の事情により、限度時間（1か月45時間・1年360時間という時間外労働の上限）を超えて労働をさせる必要が生じた場合に、三六協定の定めに限度時間の延長に関する「特別条項」を追加しておくことで、限度時間を超える労働をさせることができる制度です。

たとえば、決算期やボーナス商戦時などの繁忙期に、時間外労働や休日労働の時間が大幅に増える場合など、一時的または臨時的に限度時間を超えて労働させる特別の事情がある場合、あらかじめ特別条項

付き三六協定を締結しておく（就業規則などへの明記も必要です）ことによって、限度時間を超える労働をさせることができます。

　特別条項付き三六協定では、①限度時間を超えて労働をさせる特別の事情、②限度時間の延長のための労使間の手続き、③限度時間を延長できる回数、④限度時間を超える一定の時間などを定めなければなりません。とくに③については、1年のうち半分を超えないことが見込まれることが必要です。

　さらに、2018年の働き方改革法にともなう労働基準法改正により、特別条項付き三六協定を結んだとしても、次の3つの時間外労働・休日労働の上限のうち、どれか1つでも上限を超える労働をさせた使用者には、適用除外事業などにあたる場合を除き、罰則が適用されることに要注意です。この改正は2019年4月1日（中小企業については2020年4月1日）から施行されます。

・時間外労働と休日労働の合計が1か月につき100時間未満
・時間外労働と休日労働の合計が2か月、3か月、6か月などの複数月のいずれの期間においても月平均80時間以内
・時間外労働が1年につき720時間以内

三六協定届はどのように書くのか

　まず、届出書上部に事業の種類、法人の事業場名、事業場の所在地や電話番号を記載します。次に、届出書の左から、残業をさせる事由、業務の種類、労働者数、所定労働時間、延長時間、三六協定の有効期間などを記入します。特別条項付き三六協定を締結した場合は、その内容も具体的に記入します。最後に、協定の締結日、締結当事者の役職名や氏名を記入して押印します。

書式 三六協定

様式第9号（第17条関係）

時間外労働 休日労働 に関する協定届

事業の種類	事業の名称	事業の所在地（電話番号）
一般機械器具製造業	○○機械株式会社 ○○支店	大阪市○○区○○町○番○号 （06-0000-0000）

【ポイント①】事業場単位での作成が必要であるため支店名まで記載する

	時間外労働をさせる必要のある具体的事由	業務の種類	労働者数（満18歳以上の者）	所定労働時間	延長することができる時間			期間
					1日	1か月（毎月1日）（1日を超える一定の期間起算日）	1年（4月1日）	
①下記②に該当しない労働者	納期切迫のため	プレス作業	8人	8時間	3時間	45時間	360時間	20○○年4月1日から1年間
	納期変更のため	機械組立て	15人	8時間	3時間	45時間	360時間	20○○年4月1日から1年間
	決算事務のため		2人	7時間30分	2時間	40時間	300時間	20○○年4月1日から1年間
②1年単位の変形労働時間制により労働する労働者								

【ポイント②】業務の種類は具体的に記載しなければならない

【ポイント③】月45時間、年360時間の限度時間を超えないように注意する

【ポイント④】有効期間は原則1年である

休日労働をさせる必要のある具体的事由	業務の種類	労働者数（満18歳以上の者）	所定休日	労働させることができる休日並びに始業及び終業の時刻	期間
臨時の受注	機械組立て	5人	土曜日 日曜日	第2土曜日 始業：8：00 終業：17：00	20○○年4月1日から1年間

協定の成立年月日　20○○年○○月○○日
協定の当事者である労働組合の名称又は　職名　係長
労働者の過半数を代表する者の　　　　　氏名　○○　○○
協定の当事者（労働者の過半数を代表する者の場合）の選出方法（**投票による選挙**）
　　　　○○○○年○○月○○日
　　　　　　　　使用者　職名　**代表取締役社長**
　　　　　　　　　　　　氏名　△△　△△　　㊞

　　○○労働基準監督署長殿

【ポイント⑤】使用者の印は、原則として代表印を押す

5 未払い残業代請求訴訟

なぜトラブルになるのか

　未払い残業代をめぐるトラブルとして、たとえば、雇用契約書や就業規則などで「残業代は支給しない」と定めているとして、労働者に対し残業をさせた使用者が残業代を支払わない場合があります。このような残業代不支給の条項は、労働基準法に違反し無効なので、使用者は残業代を支払わなければなりません。

　その他にも、労働者が定時にタイムカードを押してから残業を続けるケースのように、労働者に対し残業をさせているにもかかわらず、使用者が残業代を支払わない場合を**サービス残業**と呼んでいます。サービス残業についても、使用者は残業代を支払わなければなりません。

　管理職の労働者に多いのが「労働基準法の管理監督者にあたるから残業代を支給しない」として、労働者に対し残業をさせた使用者が残業代を支払わない場合です。管理監督者であるかどうかは、名称や役職名ではなく、職務内容、責任と権限、勤務態様などの実態により判断します。管理監督者の実態がないと判断される労働者を**名ばかり管理職**と呼んでいます。労働者が名ばかり管理職に該当する場合も、残業代不払いが違法になるため、使用者は残業代を支払わなければなりません。

訴訟で未払い残業代請求が認められた場合

　労働者が未払い残業代請求訴訟を提起し、残業代の未払いがあることを証明すれば、審理を担当した裁判所は、使用者に対し未払残業代の支払いを命じます。この際、未払残業代に加え、遅延損害金（支払遅延のペナルティとして支払うもの）、未払残業代と同額の付加金、

● **未払い残業代請求訴訟**

= 2000 × 1.25 × 60 = 15万円 ➡ 1か月の残業代

（例）
・月給34万円（手当含む）
・1か月の残業時間60時間
・月所定労働時間170時間

15万円 × 24か月 = 360万円
↓
請求できる過去2年分の残業代

　さらには慰謝料の支払いがあわせて命じられる場合があります。未払残業代は過去2年分を請求することが可能であるため、支払いを命じられる金額も大きくなりますし、弁護士費用などの裁判費用の他、長い時間や労力もかかります。
　そして、残業代の未払いは労働基準法違反ですから、悪質な場合には、使用者が刑事裁判にかけられて、6か月以下の懲役もしくは30万円以下の罰金に処せられることもあります。

使用者側は何を立証しなければならないのか

　未払い残業代請求訴訟において、使用者側としては、裁量労働制やみなし労働時間制の対象となる労働者の場合は、労働者の主張する残業代が発生しない労働時間であることを立証しなければなりません。労働者が管理監督者であると主張する場合は、管理監督者としての実態があることを立証する必要があります。
　残業代は給与支払日の翌日から2年が経過すると、時効により消滅します。もし2年が経過していれば、時効の成立によって支払義務がなくなったことを主張することで、残業代の支払義務を消滅させることができます。

6 出来高払い制

どんな制度なのか

　出来高払い制（歩合給制） とは、仕事の出来高や成果物に対して賃金額を決める制度です。たとえば、営業職の社員に対し、販売した商品の金額や獲得した契約数などの成果に応じて賃金を支払う場合です。一方、働いた時間に応じて賃金額を決める制度を定額制といいます。たとえば、月給制の場合は、1か月単位で固定された基本給が、業務の成果に関係なく支給されます。

　労働基準法の定めで、出来高払い制を導入する場合は、労働時間に応じて**保障給**を支払わなければならないため、就業規則や雇用契約書などに、保障給の金額について定めておくことが必要になります。保障給に関しては、1時間当たりの金額を定めるのが原則で、休業手当が平均賃金の6割以上である点に照らし、少なくとも平均賃金の6割程度を保障するのを目安とし、最低賃金額を下回らないようにすることが必要です。

　また、1か月当たりの基本給を固定した上で出来高払い制を導入する場合は、基本給と合わせて、出来高払い部分の保障給を定めることが必要です。この場合は、基本給と保障給を合計した賃金額が、少なくとも平均賃金の6割程度になるのを目安とし、最低賃金額を下回らないようにしなければなりません。もっとも、基本給などの固定給部分が賃金総額の6割以上を占めるときは、労働者の収入がある程度確保されるので、別個に保障給を定める必要はないとされています。

　以上に対し、使用者が労働者を出来高払い制で働かせたのにもかかわらず、保障給をまったく支払わない場合には、労働基準法違反として30万円以下の罰金刑に処せられます。

● 出来高払い制（歩合給制）における割増賃金の計算

歩合給の部分の割増賃金

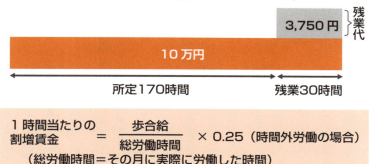

出来高払い制に関しては、その部分の割増賃金の計算に注意を要します。時間外労働を例にすると、月給制の場合は「月給÷月所定労働時間×1.25」で計算するのに対し、歩合給（出来高給）の部分は「歩合給÷総労働時間×0.25」で計算します。

たとえば、基本給34万円、月平均所定労働時間170時間、歩合給10万円、時間外労働30時間の場合、総労働時間が200時間なので、以下の計算式により割増賃金は78,750円になります。

（34万円÷170×1.25 ＋ 10万円÷200×0.25）×30 ＝ 78,750

どんなメリットやデメリットがあるのか

出来高払い制のメリットは、労働者側は成果を上げれば給与もその分だけ増加する面があり、使用者側は残業代を抑制できるという面があります。一方、デメリットは、労働者側は毎月の賃金が安定しない面があり、使用者側は総労働時間が毎月異なるため給与計算が複雑になる面があります。

7 欠勤・遅刻・早退の場合の取扱い

欠勤、遅刻、早退の場合の給与からの控除額

　使用者は、労働者が労務を提供しなかった時間分について賃金を支払う義務はなく、労働者もその時間分について賃金請求権を持たないという考えをノーワーク・ノーペイの原則といいます。

　たとえば、労働者が1時間遅刻した場合、1時間分は働いていないため、ノーワーク・ノーペイの原則により、使用者は遅刻した1時間分について賃金支払義務が発生せず、労働者も1時間分の賃金請求権が発生しません。労働者が1日欠勤した場合、使用者は1日分の賃金支払義務が発生せず、労働者も1日分の賃金請求権が発生しません。

　労働基準法では、労働者の欠勤・遅刻・早退があった場合の賃金の計算方法について、とくに規定を設けていません。月給制を採用する場合は、労働者の欠勤・遅刻・早退の時間分を月給額から控除するなど、使用者が就業規則などに明記することで、欠勤・遅刻・早退を考慮して賃金を計算できるようになります。

　月給制を採用する場合、欠勤・遅刻・早退があった場合の控除額については、下記のように計算するのが一般的です。

欠勤控除額 ＝（月給額÷月平均所定労働日数）×欠勤日数

遅刻・早退控除額 ＝（月給額÷月平均所定労働日数）÷1日の所定労働時間×遅刻・早退時間数

　「月給額」については、基本給のみを含める場合や、基本給に各種手当を含めた額を「月給額」とする場合など、就業規則などで任意に定めることができます。「月平均所定労働日数」は、1年間の所定労

● 減給制裁

1日の平均賃金

減 給

1日の平均賃金の半分を超えてはならない

1か月の平均賃金

減給

1か月の平均賃金の10％を超えてはならない

働日数を12で割って計算します。

　控除額を計算する場合、端数は切り捨てるのが基本です。四捨五入や切り上げをすると、働いていない時間分よりも多く控除してしまうことから、ノーワーク・ノーペイの原則に反すると判断され、労働基準法違反になるためです。

減給処分による制裁には上限がある

　遅刻や無断欠勤などの繰り返す労働者に対し、制裁として減給処分をする場合がありますが、労働基準法の定めにより、減給処分の上限が設定されている点に要注意です。具体的には、減給処分1回について1日の平均賃金の2分の1を超えることができない点と、複数回の減給処分の総額が「一賃金支払期における賃金の総額」の10分の1を超えることができない点です。たとえば、月給制の給与として40万円を支払われる場合、その月の減給処分の上限は4万円です。規律違反の程度が重く、給与の10％を超える減給処分をしたいときは、10％を超える分の減給処分は翌月に繰り越すことになります。

8 賞与や退職金の扱い

賞与の性質と支給の際の注意点

　賞与（ボーナス）は、あらかじめ支給の有無や支給額が確定しておらず、各労働者の勤務評価や会社の業績などに応じて支給されます。賞与に関しては、就業規則や労働協約などで支給条件が明記されている場合には、賞与が賃金の性格を持つことになるため、使用者としては、支給条件に従って賞与の支給の有無や支給額を決定することが義務づけられます。一方、賞与の支給条件が明記されていない場合には、賞与が恩給的給付の性格を持つことになるため、賞与が賃金に該当せず、賞与の支給の有無や支給額は使用者の裁量にゆだねられると考えられています。

　そして、支給条件に従った賞与の支給については、賞与の支給対象期間は在籍していたにもかかわらず、賞与支給日より前に退職したことを理由に賞与を支給しない、という支給日在籍要件の定めが有効であるかという問題があります。

　使用者は、整理解雇や定年退職など、労働者が退職日を任意に決められない場合は、支給対象期間に在籍していれば、賞与を支給することが求められます。これに対し、自己都合退職や懲戒解雇などの場合は、就業規則や労働協約などに支給日在籍要件の定めがあれば、賞与を支給しないことが可能です。その他、退職予定者への減額措置も、就業規則や労働協約などに減額方法などを明記していれば、その方法による減額は可能とされています。

　使用者としては、トラブルを防ぐため、支給条件や支給対象者の範囲などを明記しておくことが必要になるでしょう。

● 賞与や退職金の扱い

	賞与	退職金
目的	功労報償 生活保障 会社の利益配分	功労報償 賃金後払い 老後生活保障
法律上の支給義務	なし	なし
使用者の支給義務	就業規則などに明記がある場合に支給義務あり	就業規則などに明記がある場合に支給義務あり
法的問題の事例	・支給日在籍要件に該当しない者への不支給 ・退職予定者への減額	懲戒解雇や競合他社への転職の場合の不支給あるいは減額

退職金の性質と支給の際の注意点

　退職金は、労働者が会社を辞める時に使用者が支払うもので、功労報償、賃金後払い、老後生活保障などの目的があるといわれています。退職金の性格は、賞与と同じように考えることができます。つまり、就業規則や労働協約などに退職金の支給条件が明記されている場合は、使用者が支給条件に従って支給する義務を負うのに対し、支給条件の定めがない場合は、退職金の支給の有無や支給額は使用者の裁量にゆだねられます。一般に退職金の額は、退職時の基本給などに勤続年数に基づく支給率を掛けて算出するため、勤続年数が多い労働者ほど高額になる傾向があります。

　支給条件に従って退職金を支払う時は、支払対象の労働者の範囲（退職金は正社員に限るなど）の他、金額の不利益変更に注意する必要があります。たとえば、労働者が懲戒解雇を受けた者や退職後に競合行為をした者であるときに、退職金の不支給あるいは減額支給とする不利益変更の場合は、就業規則や労働協約などに明確な定めがあり、懲戒解雇の理由に合理性があるなど、総合的に判断することが必要です。

Column

倒産時の賃金の取扱い

　企業が倒産し、未払賃金がある状態で退職した労働者に対し、「賃金の支払の確保等に関する法律」に基づき、国が企業に代わり、労働者に未払賃金の一部を立替払いする制度を **未払賃金立替払制度** といいます。この制度は独立行政法人労働者健康安全機構および全国の労働基準監督署で実施されています。

　労働者は、退職日の6か月前から立替払請求日の前日までに支払日が到来しているが、未払いである賃金や退職手当のうち、最大8割までの立替払いを受けることができます（退職時の年齢に応じて88万円〜296万円の上限があります）。

　未払賃金立替払制度の対象になる労働者は、労働基準法が定める労働者ですから、正社員だけでなく、アルバイト、パートタイマー、派遣社員なども、上記に該当する未払いの賃金や退職手当があれば、未払賃金立替払制度の対象になります。

　労働者が未払賃金立替払制度を利用するには、①1年以上事業活動を継続する労災保険の適用事業場に労働者として雇用されていたこと、②破産や会社更生などの法律上の倒産手続の申立てがあった日の6か月前の日から2年以内に退職したこと、③法律上倒産手続の開始決定日の翌日から2年以内に未払賃金や退職手当の請求をしたこと、などの諸条件を満たす必要があります。

　ただし、中小企業については、法律上の倒産手続でない場合であっても、事実上の倒産状態にあり、賃金や退職手当の支払いができない場合に、所轄労働基準監督署長の確認が得られた場合には、未払賃金立替払制度を利用することができます。

　不正請求を行った労働者には、国から立替金の全部または一部の返還や、制裁金の納付を命じられる場合があります。

第5章
休日・休暇・休業

1 休日と休暇の違い

休日のルール

　休日とは、労働者が業務に従事する義務を負わない日のことです。労働基準法では、使用者に対し、原則として毎週最低でも1回の休日を労働者に与えることを義務づけています。1か月はほぼ4週間ですので、労働者は1か月で4～5回の休日が与えられます。ただし、4週間を通じて4回の休日を与えれば、週1回の休日を与えなくても労働基準法違反ではないとの例外があります。

　そして、労働基準法が定める週1回の休日あるいは4週4回の休日のことを**法定休日**と呼ぶことがあります。

　労働基準法では、法定休日になる曜日を特定することを、使用者には義務づけていません。しかし、労働者にとっては、法定休日が特定されている方が自身の労働条件を把握しやすいため、使用者に対し、法定休日を特定するよう行政指導がなされています。そのため、多くの企業は「毎週日曜を法定休日にする」のように、就業規則などに特定の曜日を法定休日として記載しています。

　現在は週休2日制が広く浸透しており、毎週土曜・日曜を休日にする企業が増えていますが、週1回の休日を採用する場合、法定休日は一方の曜日だけで、他方の曜日は法定休日にはあたりません。法定休日ではない休日のことを**法定外休日**と呼ぶことがあります。国民の祝日や年末年始期間を休日として定める企業も多いですが、法定休日以外の休日は法定外休日にあたります。

　なお、労働基準法においては、労働時間の規定と同様に、管理監督者や高プロ制度の対象労働者など、休日に関する規定を適用しない労働者や業種を定めています。

● 休日と休暇

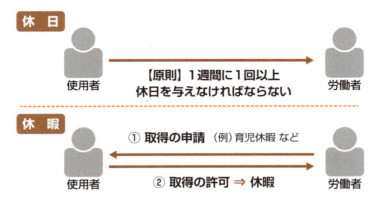

休日と休暇はどう違うのか

　休日は、労働者の請求の有無を問わず、最低でも週1回あるいは4週4回の休日を与えなければなりません。

　これに対し、労働者から使用者に対する取得の申請があり、使用者が取得を認めた場合に、労働者の業務への従事を免除する制度があります。これを休暇といいます。休暇は労働者に対し一律に与えるものではなく、法律が定める要件を満たしている労働者自身からの申請を待ってはじめて与えられます。休暇の例として、労働基準法が定める年次有給休暇や生理休暇、育児・介護休業法が定める育児休暇や介護休暇などが挙げられます。

代休と振替休日の違い

　たとえば、就業規則に日曜を法定休日として定めている企業において、臨時で日曜に対応しなければならない緊急の業務が発生したため、労働者に対し日曜に労働してもらう代わりに、他の曜日を休日として付与するという取扱いをする場合があります。

　このような取扱いをする方法として、代休と振替休日の2種類があります。しかし、両者については、日曜の業務が休日労働にあたるか

どうか、他の曜日を休日として付与する義務があるかどうかという点で違いがあることに注意を要します。

① 代休

代休とは、法定休日に労働者に労働をさせて、代わりに他の労働日に休日を付与する制度のことをいいます。代休においては、労働者が法定休日に労働に従事するため、その日の労働は休日労働にあたります。したがって、使用者は労働者に対し休日労働の割増賃金（35％以上の割増率）を支払う義務を負います。

代休を利用する例としては、前日あるいは法定休日の当日に緊急の業務が入ったため、労働者を労働に従事させる必要が生じた場合などが挙げられます。ただ、休日労働であることから、三六協定の締結・届出がなされていることが必要です。

そして、休日労働の後に他の曜日を代わりの休日（代休）として付与することになりますが、代休を取得した日について賃金は発生しません。代休を利用した場合、使用者は、休日を変更する前と比較したときに、休日労働に対する割増賃金の支払分だけ追加して出費しなければならないことになります。

なお、使用者が労働者に対し、必ずしも代休を付与することは求められていませんが、その場合は、休日労働分のすべてを追加して出費することが必要になります。

② 振替休日

振替休日とは、事前に労働者に対し、特定の法定休日が労働日に変更になることと、代わりに法定休日となる日が予告されており、法定休日に労働に従事した後、他の労働日が法定休日として付与される制度をいいます。振替休日を利用する場合は、就業規則などに法定休日が変更になる場合があることを定めた上で、本来の法定休日の前日までに、変更される法定休日と代わりに法定休日（振替休日）となる労働日を明示しなければなりません。

振替休日を利用すると、「本来の法定休日」と「後の労働日」との間で、法定休日の入れ替えが起こります。したがって、「本来の法定休日」に労働者が労働に従事しても、労働日における労働と異ならないので、使用者に休日労働に対する割増賃金の支払義務は発生しません（時間外労働や深夜労働に及んだ場合は、それらの労働に対する割増賃金の支払いが必要になります）。

　これに対し、振替休日に指定された「後の労働日」については、労働者は働いていない以上、賃金は発生しません。したがって、振替休日の制度は、代休の制度と比べると、休日労働の割増賃金分だけ使用者の出費は少なくてすみます。一方、あらかじめ振替休日を労働者に取得させてもよい日が判明していないと、振替休日の制度を用いることは難しいというデメリットがあります。

　さらに、振替休日を利用する場合、使用者は振替休日を労働者に取得させる義務があります。振替休日を取得させない場合、本来の法定休日の労働が休日労働として扱われるからです。

法定休暇の種類と特別休暇

　休暇のうち、労働基準法や育児・介護休業法などの法律が定めている休暇のことを**法定休暇**といいます。

　これに対し、企業独自に就業規則などの定めで休暇を設けることができます。これを**特別休暇**といいます。たとえば、労働者の冠婚葬祭に合わせて取得できる慶弔休暇、労働者がボランティア活動をする期間について取得できるボランティア休暇（社会貢献活動休暇）などが挙げられます。その他、労働者が裁判員に選任された場合に備えて、公判手続きに参加するための裁判員休暇を整備しておくことも求められます。使用者としては、特別休暇が通常の休暇と重複した場合や、分割取得が可能であるかなどについて、就業規則などで明確にしておく必要があります。

2 年次有給休暇

どんなルールなのか

　年次有給休暇とは、労働基準法が定める法定休暇のひとつで、労働者が賃金の支払いを受けながら取得することができる休暇のことです。年次有給休暇の目的は、労働者が心身の疲れを癒したり、新たな技能や知識を獲得する機会を確保する点にあります。

　なお、2018年の働き方改革法成立にともなう労働基準法改正により、10日以上の年次有給休暇を取得することができる労働者に対し、使用者が時季を指定して、毎年5日以上の年次有給休暇を付与する義務が課されます（2019年4月1日施行）。

　最初の年次有給休暇は、入社日から6か月以上継続して働き、全労働日の80％以上出勤した労働者に付与されます。2回目以降の年次有給休暇は、継続勤務年数1年ごとに、直近1年の全労働日の80％以上を出勤した労働者に付与されます。たとえば、3回目の年次有給休暇は、継続勤務期間が2年6か月で、1年6か月経過後から2年6か月までの全労働日について80％以上出勤した労働者に付与されます。年次有給休暇は、上記の要件を満たすことで、使用者に請求しなくても当然に付与されます。

　年次有給休暇に関しては「全労働日」に含まれるかどうかの区別がポイントです。出勤義務がある日は含まれますが、法定休日や法定外休日は含まれません。使用者側に起因する障害による休業日、正当なストライキによって業務がストップした日、労働者の不可抗力による休業日も「全労働日」に含みません。一方、産前産後の休業期間、育児休業・介護休業の期間、業務上傷病の休業期間は「全労働日」に含めた上で、出勤したものと扱います。

● 年次有給休暇の付与日数

区分 \ 継続勤務年数			6か月	1年6か月	2年6か月	3年6か月	4年6か月	5年6か月	6年6か月以上
週所定労働日数が5日以上or 週所定労働時間が30時間以上			10日	11日	12日	14日	16日	18日	20日
週所定労働時間が30時間未満(アルバイト・パート)		週4日	7日	8日	9日	10日	12日	13日	15日
		週3日	5日	6日	6日	8日	9日	10日	11日
		週2日	3日	4日	4日	5日	6日	6日	7日
		週1日	1日	2日	2日	2日	3日	3日	3日

付与日数と基準日

　出勤率80％以上の要件を満たす労働者について、年次有給休暇の付与日数は、継続勤務年数および週所定労働時間・週所定労働日数に応じて異なります。週所定労働日数が5日以上あるいは週所定労働時間30時間以上の労働者の例で見てみましょう。

　まず、継続勤務期間が6か月の労働者には、10日の年次有給休暇が付与されます。さらに、継続勤務期間が1年6か月になった労働者には、11日の年次有給休暇が付与されます。このように、継続勤務期間が1年増えるごとに、付与される年次有給休暇の日数が1日あるいは2日ずつ加算され、出勤率80％以上を満たせば、最大で20日の年次有給休暇が毎年付与されます。

　なお、実際には各労働者の入社時期が異なるため、上記の基準をそのまま適用すると、各労働者の年次有給休暇の取得日がバラバラになるため、取得日数の算定が煩雑になることがあります。そこで、「毎年4月1日」といった特定の日を設定し、その日にすべての労働者に対し、年次有給休暇を一斉に付与するという方法を用いる場合があります。この特定の日を基準日といいます。

年休取得中の賃金はどのように計算するのか

　年次有給休暇（年休）の特徴は、労働者が年休取得中であっても賃金が発生するという点です。もっとも、年休取得中は労働者が実際に働いていないため、労働基準法では、労働者に支払う賃金の算定方法を3つ示しています。使用者としては、どの算定方法を用いるのかを、就業規則に定めておくことが必要です。

① 通常の賃金

　労働者が年休を取得せず、その日に出勤したのと同等の賃金を支払う方法です。この方法によれば、月給制や週給制を採用する場合には、年休を取得した労働者を出勤したものと扱って、賃金を減額しないという処理をするだけで足ります。そのため、多くの企業で採用している算定方法のようです。

② 平均賃金

　平均賃金（⇨ P.140 参照）を用いて算定する方法もあります。たとえば、年休取得前の3か月間（90日）の賃金総額が450,000円である労働者の場合、「450,000円÷90日＝5,000円」が平均賃金ですから、5,000円が年休取得日の1日当たりの賃金です。とくに時間給を採用するパートタイマーやアルバイトなどを対象にした計算方法として用いられる場合があります。

　なお、平均賃金の算定方法には、最低保障額という制度があります。最低保障額とは、時給制・日給制・出来高払い制（歩合給制）を採用する場合に、労働者の実労働日数を基に計算した結果に60％を乗じた額を保障することをいいます。前述の例で、実労働日数が45日の場合は、最低保障額が「450,000円÷45日×6／100＝6,000円」になります。そうすると、上記の暦日を用いて計算した金額（5,000円）が最低保障額を下回るため、6,000円が平均賃金として扱われ、年休取得日の1日当たりの賃金になります。

③ 健康保険の標準報酬月額÷30

● 年休取得日の賃金の計算方法

【年休を取得せず通常に働いたと考える方法】

（例）時間給：1,250円
年休取得日の所定労働時間：8時間

∴ 年休取得日の賃金：1250円×8時間＝10,000円

【平均賃金を用いる方法】

（例）年休取得前3か月（90日）の賃金総額：450,000円
実労働日数：45日
時給制を採用
⇒ 450,000÷90日＝5,000円（平均賃金）

※時給制なので最低保障額を計算する
450,000円÷45日（実労働日数）×6／100
＝6,000円

∴ 年休取得日の賃金：6,000円（高い金額を採用）

健康保険の算定の基礎になる標準報酬月額を1か月（30日）で割ることによって賃金を求める計算方法です。ただし、労使協定の締結が必要である他、健康保険に加入していない労働者には適切な算定方法ではないため、あまり利用されていません。

パートやアルバイトの年休について

年次有給休暇は、前述した要件を満たす限り、正社員だけではなく、パートタイマーやアルバイトにも付与されます。ただし、週所定労働日数などに応じて付与される日数は異なります。たとえば、6か月間継続して勤務している労働者のうち、週4日勤務の労働者には年次有給休暇が7日付与されるのに対し、週1日勤務の労働者には1日しか付与されません。

3 時間単位の年次有給休暇

時間単位の年休取得も可能

　年次有給休暇（年休）は、原則として1日を単位に、労働者が休暇を取得することを想定しています。しかし、労働者が1日のうち数時間だけ年休を取得したいと考える場合もあります。

　そこで、労働者が年休を1時間単位で取得することが認められています。これによって、労働者は小刻みの時間を活用することが可能になります。たとえば、1日の所定労働時間が8時間の労働者が、そのうちの4時間分だけ年休を取得するという方法が挙げられます。このように、1時間単位で年休を取得するのであれば、丸1日休むわけではなく、年休取得日も出勤する形をとりますので、他の労働者の目を気にすることなく、比較的気楽に年休を取得することが期待されています。

　わが国は、年休の取得率が高いとはいえず、消化されていない年休の取扱いをめぐる議論が長らく続けられています。2010年施行の労働基準法改正にともない制度化された時間単位の年次有給休暇は、年休の取得率向上をめざした制度だといえます。

　ただし、事業場に時間単位の年次有給休暇を導入する場合は、過半数組合（ない場合は過半数代表者）との書面による労使協定が必要である他、取得できる時間単位の年休は年5日が限度とされています。労使協定では、時間単位の年次有給休暇の対象労働者および日数（年5日が限度）などを定めることが必要です。

　このとき、取得目的によって対象労働者であるか否かを区別することはできない点に要注意です。たとえば、対象労働者を「育児を行う労働者に限る」とすることはできません。

● **時間単位の年次有給休暇** ･･･

時間単位の年休を取得した労働者の1日 ※年5日が上限

労働者

（例）1日の所定労働時間：8時間
　　　取得する時間単位の年休：4時間

1日の所定労働時間：8時間

【出社して勤務】（4時間）　【時間単位の年休】（4時間）

賃金
労働時間（4時間）＋ 時間単位の年休分（4時間分）が支払われる！

時間単位の有給休暇の計算方法

　時間単位の年次有給休暇の場合も、1日のうち年休取得分について労働者は働いていませんが、賃金の支払いを受けることができます。この場合の賃金の算定については「年休取得日の1日当たりの賃金（⇨ P.126 参照）÷年休取得日の所定労働時間数×年休を取得した時間数」によって求めることができます。

問題点もある

　時間単位の年次有給休暇は、労働者側にとって、自らのライフスタイルに合わせた小刻みの休暇を取得できるというメリットがある反面、根本的な問題点として、年次有給休暇の目的に反していることが指摘されています。

　つまり、時間単位で年休の取得を認めても、労働者の心身の癒しにつながるとは限らず、実際には使用者が1日のうち数時間分の年休を労働者から買い上げているに等しいという批判があります。その他、複数の労働者が時間単位で年休を取得する時間帯が重なる場合に、代替要員の確保が困難という問題点もあります。

4 年休の計画的付与、時季の指定や変更

年休を計画的に付与することもできる

　年次有給休暇（年休）の取得を促進するため、年休のうち5日を超える分については、事業場の過半数組合（ない場合は過半代表者）との間で書面による労使協定を締結することで、使用者が計画的に年休取得日を割り振ることができる制度があります。これを**年休の計画的付与**といいます。

　労使協定では、年休の付与日に関する事項を定めておく必要があります。たとえば、事業場の班別に交替して年休を計画的に付与する場合は、各班の具体的な年休の付与日を定めます。年休の付与日は、閑散期にするか、夏期休暇や年末年始休暇の前後にする（前後に付与して大型連休にする）などが考えられます。

　年休の計画的付与の特徴は、使用者側が労使協定で定めた時季に、対象となる労働者に対し、強制的に年休を取得させることができる点です。ただし、年休取得を希望する時季は労働者ごとに異なる点を考慮し、労働者に付与されている年休の日数のうち、少なくとも年5日は年休の計画的付与の対象から除かれます。

　したがって、年休の計画的付与の対象となる労働者も、少なくとも年5日については、その労働者が希望する時季に年休を取得することが可能です。

時季指定権と時季変更権

　年休に関する労働者側の権利として時季指定権が認められています。これに対し、労働者が特定の時季に年休を取得することを回避したい場合に、使用者側が行使するのが時季変更権です。

● **時季指定権と時季変更権**

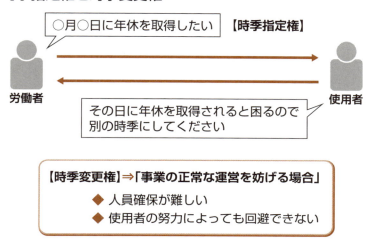

① 時季指定権

　労働基準法の要件を満たす労働者に付与された年休は、労働者が時季（季節や具体的時期）を指定することにより、指定された時季が休暇になるという形で、具体的な効果を発生することになります。このように、労働者が年休取得の時季を指定する権利を**時季指定権**といいます。

　労働者がいつまでに時季指定権を行使すべきかについて、労働基準法はとくに定めを設けていませんが、遅くとも当日の始業時刻よりも前に時季指定権を行使することが必要であると考えられています。当日の始業時刻が過ぎると、労働者に対し業務に従事する義務が発生するからです。もっとも、欠勤日を後から年休取得日として取り扱うことは、使用者の同意があれば可能です。

　問題となるのは、就業規則や労働協約などによって「時季指定権の行使は年休取得予定日の2日前までに限る」など、時季指定権の行使期間を制限している場合です。最高裁判例は、就業規則や労働協約などの定めが不合理とはいえない場合には、時季指定権の行使期間を制

限する定めが許容されるという立場をとっています。したがって、時季指定権を行使する際は、就業規則などに行使期間の定めがあるか否かを確認することが求められます。

② **時季変更権**

使用者は、労働者が時季指定権を行使した時季に休暇を与えなければならず、時季指定権の行使を拒絶することはできません。

しかし、労働者が指定した時季が、事業運営において不都合な場合もあります。たとえば、繁忙期に労働者の多くが一斉に時季指定権を行使して休暇を取得すると、繁忙期に業務に従事する労働者を失うことになりかねません。そこで、使用者が他の時季に年休を取得するように、労働者に対して命じることが認められる場合があります。これを**時季変更権**といいます。

時季変更権を行使することができるのは、労働者が指定した時季に休暇を与えると「事業の正常な運営を妨げる場合」に限定されています。事業の正常な運営を妨げる場合とは、一般に事業運営を行う上での最低限度の人員の確保が難しい場合をいいます。

ただし、客観的には人員不足のように見えても、時季変更権の行使が否定される場合があります。具体的には、他の部署から代わりの人員が確保できる場合や、使用者側による人員の配置や業務の割当ての合理化によって事業運営に対して支障が出ない場合などは、時季変更権の行使が否定されます。

したがって、使用者が代替要員確保などの努力を尽くしても、事業運営に必要な人員の確保が難しく、時季指定権を行使した労働者が出社することが事業運営に不可欠であるような場合に、使用者による時季変更権の行使が認められます。

なお、年休の取得時季の特定は、労働者が自由に決定する事項であるため、使用者は時季変更権を行使しても、具体的に代替の年休取得日を特定する必要はありません。変更後の年休取得日についても、労

● 退職時の年休の買い上げ

> **年休の買い上げとは** 会社が、労働者の年休について賃金（金銭）を支払う代わりに買い上げること
>
> **原 則**
> **年休の買い上げは禁止**
> ∵年休の目的は、労働者の心身の疲労回復のためであり、実際に労働から解放して休ませなければ意味がない
>
> **例 外**
> **退職間近の労働者について年休を買い上げることができる**
> ⇒ 業務の引継ぎなどを行うことができる
> ※買い上げ金額などは原則として使用者が決定することができる

働者の選択の幅を狭める必要はありませんので、使用者側としては、時季変更権を行使する場合は、指定した時季における年休取得を拒否するという内容を、労働者に告げるだけでよいということになります。

退職時の年休の買い上げは許容される

　使用者は、労働者に付与されている年休を、労働者から金銭で買い上げることはできません。つまり、年休を取得しないことを条件に賃金の上乗せなどを行うことは、年休の本来の目的である労働者の心身の疲労回復に反するため、このような年休の買い上げは認められません。

　ただし、労働者が退職間近のタイミングであれば、労働者の未消化分の年休を金銭で買い上げるといった取扱いが、例外的に認められると考えられています。なぜなら、退職間近になって、労働者が未消化分の年休をまとめて取得すると、場合によってはそのまま退職日を迎えて、業務の適切な引継ぎなどをすることができなくなるおそれがあるからです。

5 休　　職

休職制度にはどんなものがあるのか

　休職とは、労働者を就労させることができない（あるいは就労させるのが不適当である）事由が生じた場合に、労働契約を消滅させることなく、その労働者の就労義務を一時的に免除することをいいます。休職と似ている制度として休業がありますが、これは法律の定めに基づき、労働者が連続して休日を取得する状態をさします。一方、休職は法律の定めに基づく制度ではなく、使用者の判断によって就労が一時的に停止された状態をいいます。

　休職は、労働基準法などの法律に規定が設けられているわけではないため、労働者の休職を認めるか否かを含めて、使用者は比較的自由に決定することができます。そのため、休職を認める事由もさまざまです。最も典型的なのが、労働者が業務外でケガや病気を患ったこと（私傷病）を理由とする休職です。近年は労働者がメンタルヘルス疾患（うつ病など）を発症する事例が多数見られるため、メンタルヘルス疾患への対策として休職の制度を整備する会社が増えています。一般にメンタルヘルス疾患の労働者は就業させるべきではないと考えられるため、このような労働者に対し、使用者が休職命令を出すことが多いようです。

　その他、労働者が身柄を拘束されたまま起訴された場合は、刑事裁判の手続きが行われている間は就労が不可能だといえますし、労働者が労働組合の活動をするために就業が困難になることもあります（組合専従といいます）。また、労働者の配置転換として他社への出向が命じられた場合に、賃金を出向先が負担するときは、出向期間中については、在籍中の会社を休職扱いとすることがあります。会社によっ

● **休職の種類**

休職の種類	内容
私傷病休職	労働者が業務外でケガや病気を患った場合の休職 ※労働者がうつ病などメンタルヘルス疾患を発症した場合の休職が近年増加
起訴休職	労働者が身柄拘束状態で訴追されている場合の休職
出向休職	他社への出向期間中を休職扱いにする場合 ※出向期間中は出向先が賃金を負担する
組合活動にともなう休職	労働組合に加盟している労働者について、労働組合の活動を行うための休職
自己都合休職	労働者がボランティア活動に従事する場合などの休職

ては、より多様な休職制度を設けている場合もあり、労働者がボランティア活動などに従事する際に休職を認める（自己都合休職と呼ばれています）ことも少なくありません。

復職までの流れ

　休職は労働契約を維持した状態で、一時的に就業義務を免除する制度ですから、原則として、休職を必要とする事情が解消されたときは、職場に復帰すること（復職）が想定されています。たとえば、出向休職、組合活動にともなう休職、自己都合休職の場合などは、使用者側から見て、休職の原因が解消したかどうかが客観的に明らかになるため、いつ労働者を復職させるかどうかが問題になることは少ないということができます。

　これに対し、病気が原因である私傷病休職の場合などは、いつ労働者を復職させるかどうかの判断に注意が必要です。ケガの場合は客観的評価も難しくありませんが、内臓疾患やメンタルヘルス疾患といった病気の場合は、外見から見ただけでは、復職後に休職前と同様に働くことができるかどうかを判断するのが難しいケースが多いからです。

労働者の回復の程度を慎重に判断しなければ、労働者が病気を再発させて再び休職したり、場合によっては休職前よりも病気が悪化してしまうおそれもあります。

　そこで、休職前と同様の業務に従事することが難しいと判断した場合、おもに2つの方法がとられています。1つは、休職前とは異なる業務に従事してもらう方法です。とくに復職して間もない期間は軽い業務を担当させ、状況に合わせて徐々に休職前の業務への復帰につなげていきます。もう1つは、休職中の労働者が会社の業務全般への復職が困難であると判断された場合は、その労働者の退職・解雇が検討されることになります。

どんなことを決めればよいのか

　休職については、労働基準法などの定めが設けられていませんので、その制度運用の全般について就業規則や労働協約などに明記することが不可欠です。たとえば、使用者が就業規則に休職の制度に関する規定を設けることで、その就業規則を根拠に、労働者に対し休職を命じることが可能です。

　とくに問題になるのは休職中の賃金ですが、就業規則や労働協約などの定めにより、休職中は賃金を支払わないとすることも可能です。ただし、会社側に落ち度が認められる原因による休職の場合は、就業規則などにかかわらず、労働者は会社に対し賃金を請求することが可能であると考えられています。

私傷病休職について

　休職の典型例である私傷病休職については注意すべき点があります。休職とは別に法律上の制度として労災保険（労働者災害補償保険）があるからです。労災保険は、労働者が業務上負ったケガや病気が対象であるのに対し、私傷病休職は業務外でのケガや病気などが原因で労

● 復職までの流れ

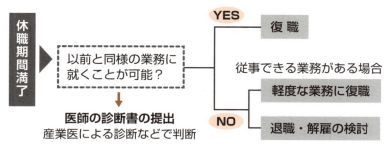

働不能になった場合が対象です。

　賃金に関しても、他の休職事由と同様に、賃金を支払わないという運用にすることもできます。このように賃金の支払いを受けることができない労働者に対しては、健康保険より傷病手当金が給付される場合があります。

　傷病手当金と関連して、休職中の労働者について賃金を支払わないという取り決めをしていたとしても、会社はその労働者について社会保険料を負担しなければなりません。しかも休職中は、使用者負担分（2分の1）の他に、本来の労働者負担分（2分の1）についても使用者に立替えが求められます。もっとも、使用者は後から立替分を労働者に請求することが可能です。

休職期間中の年休の取扱い

　年次有給休暇（年休）は、就労義務が免除される点では休職と似ていますが、年休取得中は賃金が発生します。しかし、休職中は賃金を支払わないという運用が可能です。また、休職中の労働者の年休取得については、就労義務がない日に年休を請求する余地がないため、時季指定権の行使はできないと考えられています。

6 休業手当

休業手当とは

　労働者が使用者側の事情により就業できなかった場合、その期間の賃金の一部の保障を使用者から受けることができます。これを**休業手当**といいます。賃金は労働者の生活基盤になるため、就業できない事情が使用者側にあるときは、使用者が一定額を保障しなければならないということです。

　労働基準法では、休業手当について「平均賃金の100分の60以上の手当を支払わなければならない。」と定めています。したがって、労働者は就業していなくても、休業手当の支払事由が生じている期間中であれば、使用者から平均賃金の60％以上の金額を受け取ることができます。

民法の規定との関係

　実は民法にも、使用者側の事情により労働者が就労不能になった場合に、使用者側がその間の賃金全額を支払う義務を負うことが定められています。しかし、民法の規定では、労働者の就労不能の原因として、使用者側の故意（わざと）や過失（不注意）が必要とされています。また、労働契約の中で休業期間中の賃金の支払いは不要であると合意している場合は、民法の規定の適用が排除され、使用者は休業期間中の賃金全額を支払う義務を負いません。

　これに対し、労働基準法が定める休業手当は、経年劣化による作業機械の故障や原料高騰による燃料不足など、使用者側の経営管理上の障害による休業であれば、使用者側に故意や過失がなくても、少なくとも平均賃金の60％を労働者に保障することに意味があります。さ

● 休業手当

```
使用者側の事情による就業不能

 使用者に故意・過失がない場合
  休業手当 ⇒ 平均賃金の 60％以上が保障される
 使用者に故意・過失がある場合
  民法の規定を適用 ⇒ 賃金全額の支払いが保障される
  ※特約によって民法の適用は排除できるが、その場合
   でも休業手当は必要になる
```

らに、労働基準法の休業手当の規定は、当事者の合意により排除できないため、休業期間中は賃金不要であるとの合意があっても休業手当は保障されます。

休業手当を支払う必要がある場合とない場合

　就労不能について労働者側の事情がない場合、休業手当の支払いが免除されることはまずありません。ただし、自然災害（地震や台風など）に基づく休業の場合や、事業場内の労働者が加入する労働組合がストライキをしたことによる休業の場合は、使用者側の経営管理上の障害による休業ではないと判断され、一般的に休業手当の支払いが免除されます。

　休業手当は、１日の労働時間のうち数時間だけ使用者側の事情で就業できなかった場合も、該当する労働時間について休業手当を受け取ることができます。なお、派遣社員については、雇用先である派遣元の事情により就業不能になった場合に、派遣元から休業手当を受け取ることができる場合があります。

7 平均賃金

平均賃金とは

　平均賃金とは、算定事由の発生した日以前3か月間に労働者に対し支払われた賃金総額を、その3か月間の暦日数（カレンダーどおりの日数）で割った金額のことです。つまり、「3か月間の賃金総額÷3か月間の暦日数」の算定方法で求める金額が平均賃金です。賃金締切日がある場合には、算定事由の発生した日の「直前の賃金締切日」からさかのぼって3か月間を計算します。

　平均賃金の算定における「賃金総額」には、基本給の他に、家族手当、通勤手当、年休取得日の賃金、昼食料補助、時間外・休日・深夜労働の割増賃金などが含まれます。一方、臨時に支払われた賃金（慶弔見舞金など）や、3か月を超える期間ごとに支払われる賃金（賞与など）は「賃金総額」に含まれません。

　また、育児休業、介護休業、産前産後休業、業務上疾病などの期間については、「3か月間」から除外して計算します。

　平均賃金に関しては、時給制・日給制・出来高払い制（歩合給制）を採用する場合、労働者の実労働日数を基にして計算した結果に60％を乗じた額を保障する最低保障額の制度があります（⇨ P.126参照）。つまり、「3か月間の賃金総額÷3か月間の実労働日数×60％」で求めた最低保障額が、上記の算定方法で求めた金額より多い場合に、その最低保障額を平均賃金として扱います。

平均賃金の算定事由にはどのようなものがあるか

　労働基準法が定める平均賃金の算定事由の代表例が、以下の3つの事由です。

● 平均賃金

（例）4月から6月の暦日（91日間）の平均賃金

【賃金総額】60万円の場合

$$\text{平均賃金} = \frac{\text{3か月間の賃金総額 [60万円]}}{\text{3か月間の暦日数 [91日間]}}$$

6,593円［平均賃金］

① **解雇を通告した日（解雇予告手当）**

使用者が労働者に解雇を通告する際、通告日に解雇する場合には、30日以上前の解雇予告の代わりに、解雇予告手当として30日分以上の平均賃金を支払う義務を負います。

② **使用者側の事情で休業した初日（休業手当）**

使用者側の事情（帰責事由）によって、労働者が就業できずに休業した場合には、労働者に対し平均賃金の60％以上の休業手当を支払わなければなりません。

③ **減給処分が行われた日**

労働者が就業規則に基づき減給処分を受ける場合、減給処分1回について1日の平均賃金の2分の1を超えることができないという制限があります。

平均賃金の算定例

たとえば、7月1日に算定事由が発生し、賃金締切日が毎月15のときは、3月16日から6月15日（直前の賃金締切日）までの3か月間（暦日91日）を基準に計算します。この期間内に支払われた賃金総額が60万円である場合、平均賃金は「60万円÷91日＝6,593円」（銭未満は切捨て）になります。

8 妊娠中や産前産後の保護制度

どんな制度があるのか

　女性労働者の妊娠や出産については、母体を保護しながら安心して働き続けられる環境を維持するため、妊娠中や産前産後の女性労働者を保護する制度が設けられています。

　労働基準法が禁止する事項として、妊娠、出産、産前産後休業の取得や申出を理由とした減給・解雇などの不利益な取扱いが禁止されています。また、就労の希望があったとしても、有害ガスや重量物を取り扱う業務など、妊産婦（妊娠中の女性および産後1年以内の女性）を有害な業務に就かせることは禁止されています。

　一方、使用者に請求した場合に認められる制度として、労働基準法では、妊産婦からの請求に基づく時間外・深夜・休日の労働の禁止および変形労働時間制の適用制限、妊娠中の女性からの請求に基づく軽易業務への転換などを定めています。

　その他、男女雇用機会均等法では、妊産婦が母子保健法の規定による健康診査や保健指導を受ける時間を確保することや、保健指導や健康診査に基づく指導事項を守ることができるようにするため、勤務時間の変更、勤務の軽減といった必要な措置を講じることが使用者側に義務づけられています。

産前産後休業とは

　出産予定日の6週間前（多胎児は14週間前）の女性労働者から請求があった場合は、その女性労働者を休業させなければなりません。これを産前休業といいます。

　これに対し、産後8週間（出産日の翌日から起算して8週間）を経

● **妊娠中や産前産後の保護制度**

・産前休業は申出があった場合に取得
・産後休業は申出の有無を問わず6週間は必須

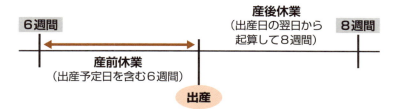

過しない女性労働者については、母体の回復のため、本人の就労希望の有無を問わず、休業させなければなりません。これを**産後休業**といいます。ただし、産後6週間を経過後、本人が就労を希望し、医師から許可を得た業務に就かせることは可能です。

出産と育児の給付金

出産と育児に対し、健康保険から出産手当金、出産育児一時金が支給されます。なお、産前産後休業の期間中の社会保険料は本人分・会社分とも免除されます。

出産手当金は、産前産後休業の間、出産のために会社を休み、給与が支払われなかった期間について支給されます。具体的には、「産前休業前1年間の標準報酬月額の平均額×30分の1×3分の2」を支給日額とし、休んだ日数分が支給されます。

出産育児一時金は、妊娠4か月以上の女性が分娩した場合に支給されます。早産、死産、流産、人工妊娠中絶のすべてが支給対象となり、海外での分娩にも適用されます。1児につき原則42万円が支給されますが、本人に代わり健保組合・協会けんぽが医療機関に対し直接出産育児一時金を支払う直接払制度を利用することで、医療機関で支払う出産費用を抑えることができます。

9 育児休業

育児休業とは

　育児・介護休業法に基づき、1歳未満の子を養育する労働者が、仕事と育児の両立を図るため、事業主（会社）への申出により取得することができる休業のことを**育児休業**といいます。

　育児休業は、1歳未満の子を養育する労働者であれば、男女を問わず、使用者に申し出ることで、原則として、子が1歳に達する日（誕生日の前日）まで取得することができます。労働者が養育する「子」は、実子か養子かを問わず、特別養子縁組のための試験的な養育期間にある子なども含まれます。

　事業主は、労働者からの育児休業の申出を拒むことができません。ただし、育児休業の対象になる労働者には、一定の制限があります。具体的には、①日雇労働者は対象外であり、②有期雇用労働者は、同じ事業主に1年以上雇用され、子が1歳6か月に達するまでに労働契約の期間（更新後の期間も含みます）が満了することが明らかでないものが対象になります。

　さらに、③事業場の過半数組合（ない場合は過半数代表者）との書面による労使協定によって、次のいずれかの条件にあてはまる労働者を育児休業の対象外にすることができます。
・休業開始予定日において雇用期間が1年未満の労働者
・1年以内に労働契約が終了することが明らかな労働者
・1週間の所定労働日数が2日以下の労働者

いつまでに申し出るのか

　育児休業の申出は、休業開始予定日の1か月前までにしなければな

● 育児休業に関するおもな助成金

両立支援等助成金

育児休業制度に関し、一定の取り組みをした事業主に支払われる助成金
※就業規則や労働協約に育児休業制度が規定されていることが必要

すべての企業が対象	中小企業のみ対象	
出生時両立支援コース	育児休業等支援コース（代替要員確保時）	育児休業等支援コース（職場復帰時）
子の出生後8週間以内に、男性労働者が連続して14日以上（中小企業の場合は連続5日以上）の育児休業を取得する場合に支払われる	事業主が3か月以上の育児休業を取得した労働者の代替要員を新たに雇い、休業取得者を原職等に復帰させた場合に支払われる	事業主が3か月以上の育児休業を取得した労働者の職場復帰プランを作成した場合に、育児休業取得時と職場復帰時に支払われる

育児休業の円滑な取得とその後の職場復帰を支援

りません。ただし、1歳6か月や2歳までの育児休業については、休業開始予定日の2週間前までに申し出れば大丈夫です。申出は書面でするのが原則ですが、事業主が認める場合は、電子メールやFAXなどで申し出ることも可能です。

　例外として、予定日前の子の出産、配偶者の病気や死亡、子のケガや病気、育児休業終了日までに子が保育所に入所できないなど、特別の事情がある場合には、休業開始予定日の1週間前に申し出ることで、育児休業を取得することができます。

　これらの期間に遅れて育児休業の申出をしても、育児休業を取得すること自体は可能ですが、休業開始日は事業主が指定した日になります。

育児休業期間

　育児休業の開始時期について、女性労働者の場合は、産後休業終了日の翌日以降から取得が可能になります。男性労働者の場合は、子が誕生した日以降から取得が可能になります。

　そして、育児休業を取得した場合は、子が1歳に達する日が終了日になるのが原則です。ただし、子が1歳に達しても保育所に入れないなど特別の理由があれば、子が1歳6か月または2歳になるまで休業期間を延長することができます。

　子の父母が同時に育児休業を取得する場合、あるいは交代で取得する場合、子が1歳2か月に達するまで休業期間を延長することができる制度として**パパ・ママ育休プラス**があります。この制度は男性労働者の育児休業取得を促進し、男性が育児に参加しやすい環境を整備することを目的としています。この制度を利用する場合には、子が1歳に達する日までの育児休業期間を1歳2か月に達する日までに延長できるようになります。

育児休業中の賃金

　育児休業中の労働者に賃金は支払われないのが原則ですが、育児休業中の労働者の生活支援の必要から、一定の条件を満たした1歳未満の子がいる労働者に対し、雇用保険から**育児休業給付金**が支給されます。具体的には、休業開始日から180日目までは休業前の月額賃金の67％、181日目以降は50％に相当する額が支給されます。ただし、育児休業中に就労し、労働者に賃金の一部が支払われる場合、育児休業給付金が減額や不支給となります。

育児休業中の社会保険料

　育児休業中は、社会保険のうち健康保険料と厚生年金保険料は、被保険者負担分と会社負担分の両方が免除されます。免除される期間は、

育児休業開始日が属する月から育児休業終了日が属する月の前月までとなります。また、免除期間中であっても、労働者は健康保険の給付を受けることができ、労働者の厚生年金は加入期間として計算されます。

通常は労働者からの育児休業の申出に基づき、事業主が「育児休業等取得者申出書」を日本年金機構に提出し、健康保険・厚生年金保険の免除の手続きをします。育児休業を終了して復職や退職する場合も、労働者からの申出に基づき、使用者が「育児休業等取得者終了届」を提出し、免除終了の手続きをします。

労災保険と雇用保険については、育児休業中に保険料が免除になる定めはありませんが、育児休業中に労働者が働いていなければゼロ円になります。これらの保険料は、使用者が実際に支払った賃金に基づいて算定されるからです。

助成金が申請できる場合とは

育児休業の取得を促進するため、雇用保険から使用者に支払われる助成金制度があり、使用者が育児休業に関する職場環境の改善や、育児中の労働者の支援などの要件を満たした場合に支給されます。助成金の中でも**両立支援等助成金**については、その支給要件や目的により、いくつかのコースがあります。

そのうち「出生時両立支援コース」は、男性労働者の育児休業の取得を促進するために設けられた助成金制度です。子の出生後8週間以内に、男性労働者が連続して14日以上（中小企業の場合は連続5日以上）の育児休業を取得する場合に支給されます。中小企業のみを対象とした「育児休業等支援コース」のように、育児休業取得後、職場に復帰した労働者への支援を積極的に行うことにより支給される助成金制度もあります。

10 介護休業と介護休暇

介護休業とは

　少子高齢化が進む現代社会において、両親など家族の介護をしながら、仕事を続けている労働者が増えています。このような社会環境の中、労働者の仕事と介護の両立を支援することを目的として設けられた制度として介護休業があります。

　介護休業とは、要介護状態にある家族を介護する必要のある労働者が、事業主（会社）に申し出ることで、一定期間のまとまった休業を取得することができる制度です。

　介護休業を取得しようとする労働者は、休業開始予定日の2週間前までに、使用者に申し出なければなりません。事業主は、労働者からの介護休業取得の申出を拒むことはできません。ただし、①日雇労働者は介護休業の申出ができない、②有期雇用労働者については、同じ使用者に1年以上雇用され、休業開始日から93日経過後6か月を経過する日までに雇用関係の終了が明らかでないものだけが介護休業の申出ができるという制限があります。

　さらに、③事業場の過半数組合（ない場合は過半数代表者）との書面による労使協定により、以下のいずれかに該当する者を介護休業の対象外にすることができます。
・雇用期間が1年未満の労働者
・93日以内に労働契約の終了が明らかである労働者
・1週間の所定労働日数が2日以下の労働者

　介護休業の取得原因である**要介護状態**とは、病気やケガなどにより、2週間以上の期間にわたり常時介護を必要とする状態をいいます。たとえば、食事や入浴など日常生活における通常の行動や動作に支障が

● 介護休業と介護休暇

	内容	対象となる労働者	日数
介護休業	要介護状態にある家族を介護するために取得する休業	要介護状態（2週間以上常時介護を要する状態）にある家族を介護する労働者	対象家族1人につき3回を上限として通算93日
介護休暇	家族の通院の付き添いや買い物など、日常生活に関わる世話をするために取得する休暇（短期）	要介護状態にある家族を介護する労働者	1年につき5日（対象家族1人の場合） 1年につき10日（対象家族2人以上の場合）

生じ、家族が常に介護を必要とするような状態になった場合です。介護保険制度の要介護状態区分において要介護2以上であれば「要介護状態」にあたりますが、要介護2以上でなくても、歩行、食事摂取、意思の伝達などが自分で可能か否かなどを総合的に判断して「要介護状態」かどうかを決定することになっています。

　介護休業の対象となる「家族」は、労働者の配偶者（事実婚の配偶者を含みます）、父母、子、祖父母、兄弟姉妹、孫、配偶者の父母です。かつては祖父母、兄弟姉妹、孫について同居・扶養の要件がありましたが、2017年1月施行の育児・介護休業法改正によって廃止されています。

　介護休業は、対象家族1人につき3回を上限とし、通算93日まで取得することができます。かつては分割取得が認められていませんでしたが、2017年1月の育児・介護休業法改正により、93日分を3回に分割取得することが可能になりました。在宅介護か施設介護かを検討する時間の確保や、介護開始後に起きるさまざまな事態への対応な

ど、働きながら介護をする労働者にとって柔軟な選択ができるようになり、心身の負担軽減が期待されています。

介護休業の手続き

労働者は、対象家族の氏名・続柄、対象家族の介護が必要な理由、休業開始・終了の予定日などを書面で提出します。使用者が要介護状態を証明する書面の提出を求めた場合は、これに応じる必要があります。事業主が認めれば、電子メールやFAXなどによる申出も認められます。

労働者からの申出を受け、事業主は、申出を受け付けたこと、介護休業の開始予定日・終了予定日、休業期間中の取扱いなどを速やかに書面で通知します。労働者が希望する場合は、電子メールやFAXなどによる通知も認められます。

介護休業給付を受けることができる

介護休業を取得した労働者は、介護休業給付を受給することができる場合があります。**介護休業給付**とは、一定の要件を満たす介護休業を取得した労働者が、休業期間終了後の職場復帰を前提として支給される給付金のことです。また、支給対象となる同じ家族について93日を限度に3回までに限り支給されます。

介護休業給付金の支給額は、介護休業を取得するたびに「休業開始時賃金日額×休業日数×67%」となります。休業開始時賃金日額とは、介護休業開始前の6か月間における賞与を除いた総支給額を180で割った金額のことです。介護休業期間中に賃金が支払われているときは、給付金が減額される場合がある他、休業期間中に「休業開始時賃金日額×休業日数」の80%以上が賃金として支払われている場合は、介護休業給付金が支給されません。

介護休暇とは

　労働者が、要介護状態にある対象家族の介護や看護、通院の付き添いなどの日常生活に関わる世話をするため、1年につき5日まで（対象家族が2人以上の場合は10日まで）、休暇を取得することができる制度を**介護休暇**といいます。

　介護休業は長期間の休業を想定していますが、介護休暇は短期間の介護のために取得するための制度です。たとえば、介護を要する家族について1日だけ通院に付き添う場合、ヘルパーや介護施設などを利用するのに必要な手続きをするために短期で休暇を取得したいといった場合に利用することが考えられます。

　介護休暇は、労働者が事業主に申請することで取得することができ、半日単位の取得も可能です。ただし、日雇労働者、雇用期間が1年未満の労働者、1週間の所定労働時間が2日以下の労働者は、介護休暇の対象になりません。

介護のためのさまざまなサポート制度

　介護休業のような長期休暇をとることはできないものの、フルタイムで労働することが難しい労働者を支援するため、他にも介護のためのさまざまなサポート制度があります。

　たとえば、短時間勤務制度（所定労働時間の短縮）、フレックスタイム制、始業時間・終業時間の変更、その他介護に要した費用を助成する制度などがあります。これらの制度は、家族の介護をしながら仕事をする労働者のため、事業主が設ける制度です。事業主は、労働者が希望した場合、これらの制度を3年以内に2回以上利用できるようにしなければなりません。

　その他、介護の必要がなくなるまで残業の免除を申請することができる他、深夜労働の免除を申請することも可能です。

Column

賃金の非常時払いと前払い

　労働基準法では、労働者が出産や疾病、災害など非常の場合により急な出費が必要となったに際に、労働者から請求された時は、賃金の支払期日前であっても、使用者は既往の労働（すでに働いた分）に対する賃金を支払わなければならないと規定しています。これを賃金の**非常時払い**といい、賃金は「毎月1回以上、一定の期日を定めて支払わなければならない」原則の例外となります。

　非常時払いの場合、労働者本人だけではなく、労働者の収入によって生計を維持する者（扶養家族）も含まれます。たとえば、労働者の扶養家族が結婚や死亡した場合の他、やむを得ない事情により1週間以上にわたり帰郷する必要がある場合なども含まれます。

　非常時払いで支払う賃金は、その支払日までに労働した期間に対する賃金となります。したがって、賃金の締日よりも前に労働者から非常時払いの請求があった場合には、前回の締日の翌日から非常時払いの日までを日割計算した賃金を支払えばよいということになります。また、非常時払いにおける賃金の種類は規定されていないため、賞与についても金額が確定している場合には、非常時払いの対象になると考えられています。

　一方、既往の労働に対する賃金では足りず、労働者から賃金の前払いを請求される場合もあります。使用者は、たとえ労働者の非常時であっても、前払いの請求に応じる義務はありませんが、恩恵的に応じることは可能です。ただし、労働者が前払いによる借金をしている場合には、使用者は賃金を全額支給した後で、改めて借金分を返済してもらう必要があります。賃金全額払の原則より、月々の賃金や退職金との相殺はできません。使用者として、労働者に前払いなどの貸付をする際には、金銭消費貸借契約書を作成し、貸付額や返済方法などについて文書を作成しておく必要があります。

第6章
退職・解雇

1 労働者の退職

退職にはどんな種類があるのか

　退職とは、労働者が勤めていた職から退くことで、使用者との間の雇用関係が終了することをいいます。退職に至る理由や原因によって、①労働者側の個人的な都合による自己都合退職、②定年退職などの就業規則の規定に基づく退職、③労働契約の期間満了にともなう退職、④使用者側からの勧奨による退職などに分類できます。さらに、労働基準法では、⑤使用者側からの一方的な労働契約の解除である「解雇」も退職に含めています。

　退職の理由や原因によって、退職金の有無やその金額が決まることがある他、失業手当の金額やその受給期間にも影響があるため、どのような理由や原因で退職したのかが重要になります。

自己都合退職と会社都合退職の違い

　自己都合退職とは、労働者の個人的な都合による退職のことをいいます。たとえば、結婚や出産を機に退職する場合や、他の会社に転職するために退職する場合などです。また、懲戒解雇は労働者側に責任があるので、自己都合退職として扱われます。

　自己都合退職に対するものが会社都合退職です。たとえば、業績不振にともなう人員整理で、一方的に労働契約を解除（整理解雇）された場合の他、使用者からの勧奨（退職勧奨）による退職に応じた場合も会社都合退職にあたります。さらに、原則的には自己都合退職であっても、会社都合に値する理由があれば、会社都合退職に変更される場合があります。

　自己都合退職と会社都合退職の違いは、退職後に失業手当の支給を

● **自己都合退職と会社都合退職**

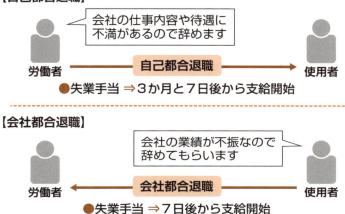

受ける場合に大きな差として表れます。具体的には、退職してから失業手当の支給が開始されるまでの期間は、会社都合退職の場合が7日間であるのに対し、自己都合退職の場合は3か月と7日間になります。失業手当の支給額や支給期間にも大きな差があり、一般に会社都合退職の方が優遇されているといえます。

労働者による退職と使用者による解雇の違い

　退職には労働者からの一方的な労働契約の解除を含むのに対し、解雇は使用者からの一方的な労働契約の解除だけをさします。両者の立場の違いから、解除の方法には大きな違いがあります。

　期間の定めのない労働契約を結んでいる場合、労働者は、いつでも労働契約の解除の申入れができ、申入れの日から2週間が経過すると労働契約が終了します。一方、使用者による解雇は、客観的に合理的な理由を欠き、社会通念上相当と認められない場合は無効になります（解雇権濫用法理）。解雇をする際は、解雇予告や解雇予告手当の支払いも必要です。

2 解雇の種類

解雇の種類

　解雇とは、使用者側が一方的に労働契約を解除することをいい、おもに懲戒解雇、整理解雇、普通解雇の3つに分類されます。

① **懲戒解雇**

　懲戒解雇とは、労働者に対する制裁としての解雇で、会社の資金を横領するなど、企業秩序を著しく乱した労働者に対する最も重い懲戒処分です。懲戒解雇になった労働者には、退職金を支払わないとする会社が通常です。

　分類上は懲戒解雇に属するものとして**諭旨解雇**があります。懲戒解雇に相当する違反行為をした労働者に対し、本人の反省態度や過去の功績などを考慮して温情的に懲戒解雇を回避する場合の解雇です。諭旨解雇の内容は会社によってさまざまですが、退職届の提出を本人に促し、その提出があったときに自己都合退職として扱い、退職金を全額支払うとすることが多いようです。

② **整理解雇**

　整理解雇とは、企業の業績不振などの理由から、人員削減の目的で行われる解雇のことです。労働者側に責任がなく、使用者側の経営上の理由から行われる解雇ですから、他の解雇の類型と比べても、解雇の必要性を裏づけるのに十分な具体的かつ客観的な理由の存在が必要です。具体的には、人員整理の必要性、解雇回避努力義務の履行、被解雇者選定の合理性、解雇手続きの妥当性という整理解雇の4要件が必要とされています（⇨ p.168）。

③ **普通解雇**

　懲戒解雇と整理解雇以外のものが**普通解雇**に分類されます。労働者

● 解雇の種類

が欠勤や遅刻を頻発する、業務に必要な能力や適正を著しく欠いているなど、おもに労働者側の労働契約上の義務の不履行に対して行われます。

解雇するためには何が必要か

　解雇の種類を問わず、客観的な理由を欠き、社会通念上相当であると認められない場合は、解雇権の濫用として解雇が無効になります。したがって、使用者としては、労働者を解雇する際に、解雇権の濫用と判断されないように十分な資料をそろえることが必要です。

　産前産後の休業期間中とその後30日間など、労働者が解雇が制限される場合（⇨ P.158参照）にあてはまる時期は、そもそも解雇が禁止されることにも要注意です。その他、懲戒解雇をする際、解雇予告手当を支払わずに即時解雇（解雇を言い渡したその日に解雇とすること）をしたいときは、所轄労働基準監督署長の除外認定（⇨ p.158）が必要になります。したがって、どのような理由による懲戒解雇であっても、即時解雇をする際には、除外認定を受けた場合でない限り、使用者は解雇予告手当として、30日分以上の平均賃金を労働者に支払わなければならないのです。

3 解雇が制限される場合

どんな解雇制限があるのか

　労働基準法では、特定の期間の解雇を禁止する規定を設けています。まず、労働者が業務災害（業務上のケガや病気）による療養のための休業期間とその後の30日間は、その労働者の解雇が禁止されます。療養のための休業期間には長短の制限がないため、たとえ休業期間が1日であっても、その後の30日間は解雇することができません。次に、産前産後の休業期間とその後の30日間も、同様に解雇が禁止されます。産前産後の休業期間は、産前6週間（多胎妊娠の場合は産前14週間）と産後8週間です。

　その他、さまざまな法律により、特定の事由による解雇を禁止する規定を設けています。たとえば、男女雇用機会均等法では、労働者が女性であることを理由とした解雇を禁止しています。労働組合法では、労働者が労働組合員であること、労働組合を結成しようとしたこと、労働組合の正当な行為をしたことを理由とする解雇を禁止しています。

　以上の解雇制限にあてはまる場合は、たとえ懲戒解雇をする事由があるとしても、解雇が禁止されることに注意を要します。

解雇予告

　労働者を解雇する場合は、解雇日を特定した上で、30日以上前に労働者に対し解雇を予告しなければなりません。これを**解雇予告**といいます。解雇予告の猶予がなければ、解雇予告をしないで即時解雇することもできますが、その場合は30日分以上の平均賃金を労働者に支払わなければなりません。これを**解雇予告手当**といいます。なお、解雇予告の期間が30日未満の場合は、不足日数分の解雇予告手当を

● 解雇予告と解雇予告手当

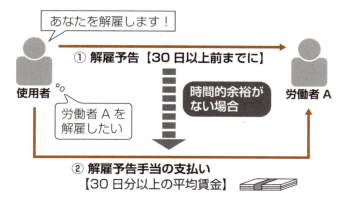

日割りで支払うことが必要です。

解雇予告期間については、予告した日の翌日から起算します。郵送による解雇予告をした場合は、相手方に書面が届いた日が予告日となりますので、その日の翌日が起算日となります。

解雇予告除外認定とは

天災事変やその他やむを得ない理由により事業の継続が不可能になった場合や、労働者の帰責事由に基づいて解雇する場合は、所轄労働基準監督署長の除外認定を受けることで、解雇予告手当を支払わずに労働者を即時解雇することができます。これを解雇予告除外認定といいます。

「労働者の帰責事由」とは、懲戒解雇に相当するような事由をさします。たとえば、横領・窃盗・傷害といった犯罪行為や、採用条件の重要な要素になる経歴の詐称、正当理由がない長期間の無断欠勤などが挙げられます。労働者の解雇について解雇予告除外認定を受ける場合は、その労働者の地位や職位、勤務状況等を考慮した上で総合的に判断されます。

4 解雇や退職の手続き

退職期限を定め、手続きをする

　民法の規定によれば、期間の定めがない労働契約を結んでいる労働者（おもに正社員）は、退職希望日の2週間前までに退職を申し出ればよいことになっています。

　多くの企業では、就業規則などで「退職は1か月前までに申し出る」というように長い期間を定めています。その他、自己都合退職の場合は、退職の経緯をめぐってトラブルが発生しないよう、労働者に対し退職届の提出を求めるのが一般的です。

退職証明書や解雇理由証明書はどんな場合に必要なのか

　退職証明書や解雇理由証明書は、ともに労働基準法によって労働者への交付が義務づけられている書類です。

　退職証明書は、退職後（解雇後を含みます）に労働者であった者から発行の請求があった場合に、使用者が交付しなければならない書面です。決まった様式はなく、任意の書式に必要な事項を記載します。具体的には、①在職期間、②従事していた業務の種類、③労働者の地位（役職）、④賃金の額、⑤退職に至る理由（解雇の場合は解雇に至る理由）の中から、労働者であった者が請求した項目に限って記載します。労働者から請求されていない項目は記載することができません。

　解雇理由証明書は、解雇予告をした労働者から解雇日までに請求があった場合に使用者が交付しなければならない書類です。具体的には、解雇対象者の氏名、①解雇予告日、②解雇理由を記載します。解雇理由については、解雇事実を記載するだけでなく、就業規則の該当規定の他、その規定に該当する事実関係まで具体的に記載しなければなり

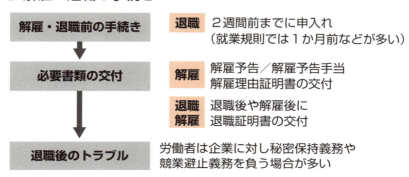

ません。ただし、この書面も労働者が請求していない事項は記載することができません。たとえば、労働者が解雇事実のみの記載を請求した場合は、その事実関係については記載することができません。

退職後のトラブル

　退職した労働者によって、企業の営業情報や技術情報を転職先で利用されるというリスクがあることから、多くの企業では、就業規則や労働契約に退職後の秘密保持義務や競業避止義務を設定しています。競業避止義務とは、事業者が営む事業と同種の事業を、労働者が営むことを禁止することをいいます。労働者が、在職中は、業務に対して誠実に従事する義務を負うことから、競業避止義務を負わせることができます。もっとも、秘密保持義務や競業避止義務は労働者の職業選択の自由や営業の自由を制限するため、無制限に認められるものではありません。これらの義務を課すことで守られるべき企業側の正当な利益があり、その目的との関係で競業禁止期間などの制限が合理的範囲にとどまることが必要です。とくに、退職した労働者に対して競業避止義務を負わせる場合は、特別に規定を設け、競業を制限する期間や場所的な範囲が、過度な職業選択の自由に対する制約にならないことが求められます。

5 普通解雇

普通解雇とそのおもな理由

　普通解雇とは、懲戒解雇にも整理解雇にもあてはまらない解雇のことで、一般的には労働者側の労働契約の不履行を理由として行われます。普通解雇のおもな理由としては、①勤務成績の不良や能力不足、②勤務態度の不良や協調性の欠如、③心身の故障による労務不能が挙げられます。労働者がこれらの事由に該当した場合、使用者側としては、それぞれの解雇事由について、以下の点に留意して解雇の手続きを進める必要があります。

① 　勤務成績の不良や能力不足

　対象になる労働者に対し、解雇を実施する前に、適切な指導・教育を行ったり、配置転換などをして他の部署で就業する機会を与えたりして、解雇を回避する方策を講じなければなりません。それでも能力向上が見込まれないといった事情があれば、解雇が選択肢のひとつになります。

② 　勤務態度の不良や協調性の欠如

　使用者が改善に向けた注意、指導、懲戒処分などをどの程度行ったか、つまり使用者が労働者に対して改善の機会をどの程度与えたかが重要です。一定期間にわたり繰り返し注意・指導をしたり、戒告やけん責などの軽い懲戒処分をしても改善が見られないような場合に解雇を検討します。

③ 　心身の故障による労務不能

　労働契約の定めで労働者が従事する業務が特定されていて、配置転換などの措置を講じることができない場合や、他の軽易な業務を提供することが不可能な場合は、解雇を検討せざるを得ません。ただし、

● 普通解雇が行われる場合

普通解雇の理由	注意点
① 労働者の勤務成績の不良や能力不足	適切な指導・教育や配置転換を行う ⇒能力の向上が見込めない場合に解雇を検討する
② 労働者の勤務態度の不良や協調性の欠如	指導・注意や戒告・けん責などの軽い懲戒処分をする ⇒改善が見られない場合に解雇を検討する
③ 労働者の心身の故障による労務不能	業務が特定されていて配置転換などが困難な場合、他の軽易な業務を提供することが不可能な場合に解雇を検討する

私傷病休職制度を設けている企業は、休職措置を講じないまま解雇をすると、解雇権の濫用と判断される可能性が高くなります。

退職勧奨との関係

　退職勧奨とは、使用者が労働者に退職してほしいとの意向を伝え、退職に同意するよう労働者を説得することです。ただし、退職勧奨を労働者が受け入れる義務はありません。自社の労働者として不適格であるなどと、名誉を侵害する言動によって退職勧奨をした場合、退職勧奨をした者と会社は、労働者に対し不法行為による損害賠償責任を負うことになります。

　労働者が退職勧奨を断っているにもかかわらず、長時間あるいは多数回にわたる退職勧奨をしたり、退職を強要する言動を用いたりした場合は、その退職勧奨は実質的な解雇であると判断されることがあります。そのように判断されると、労働者が退職しても、解雇権の濫用にあたるとして、退職が無効となります。

6 懲戒処分の種類と制約

懲戒処分とは

　企業の秩序や規律を維持する目的から、秩序や規律を乱した労働者に対し使用者が行う制裁のことを懲戒処分といいます。おもな懲戒処分として、戒告、けん責、減給、出勤停止、降格、諭旨解雇、懲戒解雇の7種類があります。制裁として最も軽いものが戒告で、最も重いものが懲戒解雇です。

　戒告とけん責は、いずれも労働者に反省を求めるために行われるもので、口頭や文書により注意を伝えます。けん責については、一般的に始末書の提出を求めますので、戒告よりも重い処分だといえます。

　減給は、労働者の賃金から一定額を差し引くという制裁を加えることです。ただし、労働基準法の規定により、賃金の減額についての上限があります（⇨ P.115参照）。

　出勤停止は、労働者の出勤を一定期間にわたり禁止する制裁で、出勤停止期間中の賃金は支給されません。出勤停止期間について労働基準法やその他の法令による制限はありませんが、出勤停止の理由や原因の程度に応じて決定するのが一般的です。多くの場合、7日間から15日間程度の出勤停止期間が設定されます。

　降格は、労働者の役職や職位などの等級を引き下げることによる制裁です。降格の程度によりますが、毎月の賃金が大幅に低下することがあります。この場合、労働基準法が定める減給制裁の上限に違反するかどうかが問題となりますが、降格による賃金の低下は、職務の変更にともなう結果である限り、減給制裁にはあたらないと考えられています。

　懲戒解雇は、一方的に労働契約を解除する制裁で、最も厳しい懲戒

● **懲戒処分の種類**

懲戒処分の種類	内容
戒告	口頭・文書による注意
けん責	口頭・文書による注意 ＋ 始末書の提出を求める
減給	労働者の賃金から一定額を差し引く（限度額あり）
出勤停止	労働者の出勤を一定期間にわたり禁止する（出勤停止中の賃金支給なし）
降格	労働者の役職や職位などの等級を引き下げる
諭旨解雇	懲戒解雇に相当する労働者を自己都合退職として処理（退職金は支給する）
懲戒解雇	労働者を解雇する（退職金は原則不支給）

処分です。なお、懲戒解雇よりも一段だけ軽い処分として諭旨解雇があります。**諭旨解雇**は、懲戒解雇に相当する不祥事を起こした労働者に退職届の提出を促し、退職届の提出があったときに懲戒解雇にせず、温情的に自己都合退職として扱う処分です。

どのように運用すればよいのか

労働契約法の定めにより、懲戒処分をする際は、懲戒事由と懲戒処分の種類や程度に関する事項を、あらかじめ就業規則などに明記しておかなければなりません。使用者側としては、懲戒処分の根拠となる就業規則などが存在しない場合は、労働者がいくら悪い行為をしても懲戒処分ができない点に注意が必要です。

さらに、懲戒処分をする際は、対象となる労働者に弁明の機会を与える必要があります。弁明の機会を与えずに懲戒処分をすると、懲戒権の濫用として無効になる場合があるからです。

7 懲戒解雇

懲戒解雇とは

　懲戒解雇とは、懲戒処分の中で最も重い制裁であり、無断欠勤を繰り返している、職場の金品を横領した、他の労働者に暴力を加えたなど、職場の秩序や規律を著しく乱した労働者に対してのみ行われる処分です。

　懲戒解雇は懲戒処分の一種であるため、事前に就業規則などに明記しておかなければ、懲戒解雇をすることができません。この点で、事前に就業規則などへの明記がなくてもすることができる普通解雇や整理解雇とは性質を異にします。

解雇予告や解雇予告手当との関係

　懲戒解雇をするときも、解雇予告をするか、解雇予告手当を支払わなければなりません。たとえば、解雇予告期間を30日とした場合、懲戒解雇の対象となる労働者を30日間在籍させることが必要です。違反行為の態様にもよりますが、対象労働者を在籍させることが職場秩序の維持に悪影響を及ぼす懸念がある場合は、解雇予告手当を支払い即時解雇する方法もあります。なお、解雇予告除外認定を受ければ、解雇予告手当を支払わずに即時解雇することができますが、必ずしも認定が下りるとは限りません。

どのような手続きで行うのか

　一般的な懲戒解雇の手続きは、①問題行為の調査、②懲戒解雇事由に該当するか否かの検討、③就業規則に解雇手続きについての定めがあるか否かの確認、④対象労働者に対する弁明の機会の付与、⑤懲戒

● **懲戒解雇**

```
                    ※直ちに懲戒解雇を行うと解雇権の
                      濫用にあたる可能性がある

  企業秩序を
  著しく乱す行為
              ① 問題行為の調査
         ←──────────────────
              ② 懲戒解雇事由に該当するか否かの検討
   労働者    ③ 就業規則に解雇手続きの定めがあるか確認    使用者
              ④ 労働者に弁明の機会を与える
         ──────────────────→
              ⑤ 懲戒解雇の実行
```

解雇の実行という流れで行われます。

　最初に問題行為の調査が必要である理由は、懲戒解雇後に訴訟を提起された場合に、懲戒解雇の根拠事実を客観的に証明することのできる証拠の提出が求められるためです。したがって、懲戒解雇をする前に、十分な調査と証拠の収集が必要になります。

　次に、就業規則などに記載のある懲戒解雇事由に該当するか否かの確認をします。就業規則などに記載されている懲戒解雇事由に該当しない限り、懲戒解雇をすることができないからです。その他にも、就業規則に懲罰委員会を設置すると定められていた場合、懲罰委員会の審議を経ずに懲戒解雇をすると、その解雇が無効となる場合があります。こうした解雇手続きに関する就業規則の規定の有無についても確認が必要です。

　そして、問題行為が懲戒解雇事由に該当するとの結論に至った場合は、その労働者に対し弁明の機会を与えます。この手続きを怠った場合、労働者から訴訟を提起された際に、裁判所から解雇無効の判断を言い渡される場合があるためです。

　以上のプロセスを経て、労働者に懲戒解雇を言い渡します。懲戒解雇をした事実を確認させるため、労働者に対し懲戒解雇通知書を交付して、受領したとの署名を得ておくのが一般的です。

8 整理解雇

整理解雇とは

　整理解雇とは、企業の経営不振の改善策として労働者を解雇することをいいます。経営不振により収支バランスが崩れて債務超過になった場合などに、収入（売上）に対して過剰となった経費のうち人件費を削減することを目的として行われます。

　整理解雇が有効となるためには、①人員整理の必要性、②解雇回避努力義務の履行、③被解雇者選定の合理性、④解雇手続きの妥当性という4つの要件を満たす必要があります。これを**整理解雇の4要件**といいます。

　そのため、整理解雇がどのような状況に至った場合に行われるかについては、上記①人員整理の必要性の要件より、企業の維持存続を図る対応策として、整理解雇が必要かつ最も有効な手段だと判断される状況に至った場合ということになります。

どのように行われるのか

　整理解雇が、経営不振の改善策として取りうる必要かつ最も有効な手段だという判断に至る前に、上記②解雇回避努力義務の履行の要件より、整理解雇をせず経営再建を図るべく、できる限りの対策を講じなければなりません。たとえば、時間外・休日労働の抑制、新規採用の中止、賞与の削減あるいは支給停止、役員報酬の削減、希望退職の募集などが考えられます。

　このように、整理解雇を回避する努力を尽くしたが、経営不振の改善の見通しが立たない場合に、整理解雇を視野に入れて人員削減計画の立案に入ります。この計画で、解雇による改善の効果の見積もりを

● 整理解雇の4要件

4要件	具体的内容
①人員整理の必要性	企業の維持・存続のために整理解雇が必要で最も有効な手段だといえること
②解雇回避努力義務の履行	整理解雇以外の方法で、経営再建のための努力を十分に講じたこと
③被解雇者選定の合理性	勤務成績、勤続年数、家族構成といった客観的かつ合理的な基準による被解雇者の選定をしていること
④解雇手続きの妥当性	整理解雇の必要性、解雇時期、解雇予定人数、解雇続きなどを労働者や労働組合に説明する機会を設けたこと

するのと同時に、被解雇者（解雇の対象になる労働者）の選定を進めるのが一般的です。このとき、上記③被解雇者選定の合理性の要件より、被解雇者の選定に際しては、勤務成績、勤続年数、家族構成といった客観的かつ合理的な基準によることが必要になります。この段階で、解雇回避努力義務の施策として、解雇予定者に対し退職勧奨をする場合もあります。

そして、整理解雇をする前の最終段階として、上記④解雇手続の妥当性の要件より、事前に労働者や労働組合に対し、整理解雇について納得を得るため、整理解雇の必要性、解雇時期、解雇予定人数、解雇手続きの詳細などを説明し、労使間で十分な協議と交渉をするための機会を設ける必要があります。

使用者側はどんなことに気を付ける必要があるのか

整理解雇は、あくまでも経営再建の手段であるため、そのために必要になる労働者まで解雇してしまうと、経営再建に重大な支障が生じることもあります。使用者側としては、経営再建に必要な技術、資格、経験を有する人材を失わないように、細心の注意を払うことが求められます。

Column

内部告発

　さまざまな業種において、不適切な会計処理や、製品の検査結果の改ざんが行われるなど、多くの企業の不祥事が明らかになっています。消費者などに深刻な被害が生じる不祥事について、企業が隠ぺいする場合も少なくありませんので、企業の不祥事をいかに把握して是正していくのかが重要な問題とされています。

　近年では、労働者が勤務先である企業の不祥事を行政機関やマスコミに知らせることで、不祥事の内容が公にされて、必要な是正が図られるケースが増えています。このような内部告発は、社会全体にとっては利益になる一方で、企業からすると労働者が社内の秘密事項をリークするに等しく、場合によっては報復的に懲戒処分がなされるおそれがあります。

　そこで、内部告発をした労働者の利益を保護する必要から、公益通報者保護法が制定されています。公益通報者保護法は、企業が犯罪行為をしている事実、あるいは犯罪行為の発生が切迫している事実に関して、通報対象の企業に勤務する労働者が、その企業に損害を与えるなどの不正目的を持たずに通報する行為を「公益通報」と定義しています。そして、公益通報をしたことを理由に労働者が解雇その他の不利益な取扱いを受けることを禁止して、労働者の利益を保護しています。2019年1月現在、企業を退職した者などを保護対象に追加する法改正が予定されています。

　通報先としては、企業内部、企業の事業を所管する行政機関、その他の外部者（マスコミや消費者団体など）が定められています。企業内部ではなく行政機関や外部者へ通報する場合に、労働者が公益通報者保護法の保護を受けるには、企業が犯罪行為などをしたとする相当の理由や、企業内部に通報することで不利益取扱いを受ける危険があるなどの要件を満たす必要があります。

第7章
安全衛生・労災

1 安全衛生管理体制

労働安全衛生法とはどのような法律なのか

　労働者の安全と健康を確保し、快適な職場環境を整備するのは事業者（会社など）の義務です。かつては労働基準法において、労働者の安全衛生に関する規定が設けられていました。しかし、労働者が従事する業務内容の高度化や、多様化する労働災害などに対応するため、労働者の安全衛生に特化した法律が求められるようになりました。そこで、労働基準法から独立して、労働者の安全衛生に関する規定を設けた法律が**労働安全衛生法**です。

　労働安全衛生法は、職場における労働者の安全と健康の確保や、快適な職場環境の形成が目的とされています。具体的には、作業機械や危険・有害物の取扱いに関する規制や、安全衛生教育や健康診断の実施義務に加えて、労働者のメンタルヘルス対策などについても定められており、労働者の健康保持に対する対策も事業者の義務とされています。さらに、職場における安全衛生に対する責任の所在を明確にするため、以下に述べる安全衛生管理体制の構築に関する事業者の義務も定められています。

安全衛生管理体制の構築

　労働安全衛生法は、職場の安全衛生を確保するために必要な安全衛生管理体制について定めています。事業者は、安全衛生管理体制を事業場ごとに構築する義務があり、事業場の規模や業種に応じて、次のような責任者や担当者を選任する義務を負います。

・総括安全衛生管理者

　安全管理者や衛生管理者などを指揮するなど、事業場における事業

● **安全衛生管理体制の構築** ・・・・・・・・・・・・・・・・・・・・・・・・・・・・・・・・・・

（例）常時 300 人以上の労働者を使用する製造業の事業場

```
┌─────────────────┐      ┌─────────────────┐
│ 事業者          │      │ 安全委員会・衛生委員会│
│ (個人企業の場合は│      │ (両者を統合した安全衛│
│ 個人そのもの、法人│      │ 生委員会を設置しても│
│ 企業の場合は法人 │      │ よい)           │
│ 自体)           │      │                 │
└────┬────────────┘      └─────────────────┘
     │
┌────┴────────────┐
│ 総括安全衛生管理者│
│ (事業を実質的に統│
│ 括管理する権限が │
│ ある者)          │
└──┬────┬────┬────┘
   │    │    │
┌──┴──┐┌┴──┐┌┴────┐
│安全 ││衛生││産業医│
│管理者││管理者││(労働者の│
│     ││   ││健康管理を│
│     ││   ││する医師)│
└─────┘└───┘└─────┘
```

の実施を実質的に統括管理する者です。業種によって異なりますが、比較的大きな事業場で選任義務が発生します。

・**安全管理者と衛生管理者**

労働者の安全（作業場の危険防止など）に関する事項を管理するのが安全管理者、労働者の衛生（衛生状態の改善など）に関する事項を管理するのが衛生管理者です。どちらも一定の免許などの資格を持つ者の中から選任します。

・**産業医**

医師として労働者の健康診断や健康管理などを行う者です。作業場の巡視も定期的に行います。

・**安全委員会と衛生委員会**

労働災害の防止のためには、労働者側も積極的に安全衛生管理体制に協力することが必要です。安全委員会や衛生委員会は、労働者側・事業者側の双方の委員から組織された委員会で、安全衛生に関する諸事項を調査審議して労働者に周知を行い、労働災害を防止することを目的として設置されます。

2 健康診断

健康診断は事業者と労働者の義務である

　労働安全衛生法では、事業者（会社）と労働者の両方に対し、健康診断に関する義務を課しています。事業者は、労働者に対し医師による健康診断を実施する義務を負うのに対し、労働者は、事業者が行う健康診断を受診する義務を負います。

　事業者が健康診断を実施しないと 50 万円以下の罰金に処せられますが、労働者が健康診断を受けなくても処罰されません。もっとも、労働者が健康診断の未受診を理由に、事業者から懲戒処分を受けることはあり得ます。

健康診断にはどんな種類があるのか

　労働安全衛生法が定める健康診断は、おもに常時使用する労働者を対象とする一般健康診断と、有害業務に従事する労働者を対象とする特殊健康診断に分類されます。ここでは多くの労働者に関係する一般健康診断について見ていきましょう。

　一般健康診断には、雇入れ時の健康診断、定期健康診断、特定業務従事者の健康診断、海外派遣労働者の健康診断、給食従事者の検便の 5 種類があります。その中心となる定期健康診断は、常時使用する労働者に対し、1 年に 1 回以上の実施が義務づけられています。もう一つ、深夜業などの特定業務従事者の健康診断は、特定業務に常時従事する労働者に対し、6 か月に 1 回以上と特定業務への配置替えの際の実施が義務づけられています。

　そして、一般健康診断や雇入れ時の健康診断の受診対象になる「常時使用する労働者」は、次の①と②の両方に該当する労働者です。お

● 一般健康診断の種類

種類	受診義務のある労働者	実施期間
雇入れ時の健康診断	常時使用する労働者	雇入れ時
定期健康診断	常時使用する労働者	1年以内ごとに1回
特定業務従事者の健康診断	特定業務に常時従事する労働者	配置換えの時 6か月以内ごとに1回
海外派遣労働者の健康診断	海外に6か月以上派遣される労働者	派遣時 帰国後に国内業務につかせる時
給食従事者の検便	給食業務に従事する労働者	雇入れ時 配置換え時

もにフルタイムの労働者が該当します。

① 契約期間の定めがない者、契約期間1年以上の者あるいは契約更新で1年以上使用された（予定を含む）の者

② 同種の業務に従事する通常の労働者の週所定労働時間数の4分3以上の者

これに対し、特定業務従事者の健康診断は、たとえば深夜業については、週1回あるいは4週4回以上従事する労働者が「常時従事する労働者」に該当し、健康診断の受診対象になります。

健康診断の実施後に行われる措置

事業者は、健康診断の結果を労働者に通知し、その結果を健康診断個人票に記録して5年間保管します。また、異常所見がある労働者に対しては、医師の意見を聴いて、短時間勤務、作業の転換、就業場所の変更、深夜業の回数減少などの措置を講じます。

その他にも、事業者は、将来的に就業に影響が出る可能性のある労働者に対し、健康状態の悪化を防ぐため、医師や保健師などによる保健指導を行うよう努めます。

3 ストレスチェック

ストレスチェックとは

　ストレスチェックの制度は、職場におけるストレスが原因の精神障害による労災件数が増加傾向にあることから、事業者がメンタルヘルス対策（心の健康確保対策）を実施するきっかけになるように、2015年12月から義務化された制度です。労働者が自分自身のストレスに気づき、セルフケアを行うことや、ストレスの原因となっている職場環境の改善を実施し、精神障害などのメンタルヘルス不調を未然に防ぐことを目的にしています。その他、労働者のメンタルヘルス対策を推進するため、厚生労働省は「労働者の心の健康保持増進のための指針」を公表しています。

　ストレスチェックは、事業者が労働者の心理的な負担を把握する手段ですので、本来は、すべての労働者を対象とするのが望ましいといえます。しかし、身体に関する健康診断とは異なり、ストレスチェックは労働者の「心」に関する検査ですので、とくにプライバシーに対する干渉が大きくなる危険があります。

　そのため、使用者は労働者にストレスチェックの受診を強制することはできません。あわせて、ストレスチェックを受診しないことを理由とする不利益な取扱いも禁止されます。

ストレスチェックの実施方法など

　ストレスチェックの実施が義務づけられているのは、業種を問わず、労働者が常時50人以上の事業場です。常時50人未満の事業場は努力義務にとどめられています。

　具体的な実施方法は、まず準備段階として、事業者はストレス

● **ストレスチェックの流れ** ....

> **ストレスチェックが義務づけられる事業場**
> 労働者が常時50人以上の事業場 ⇒ パートやアルバイトも含む
>
> ● ストレスチェックの流れ
> **❶ ストレスチェック実施体制の整備**
> 　実施計画の策定、実施者である産業医などとの調整
> **❷ ストレスチェックの実施**　⇒ 質問票またはwebによる回答形式
> 　【質問事項】仕事のストレス原因、心身のストレス反応、
> 　　　　　　周囲のサポートの有無など
> **❸ 産業医などによるストレス程度の評価**
> **❹ ストレスチェック結果の労働者への通知**
> 　封書または電子メールなどによる
> **❺ 高ストレス者に対する実施者（産業医）との面接**
> 　保健指導や精神科などの受診の勧め
> **❻ 労働基準監督署への報告**
> 　ストレスチェック実施結果、高ストレス者の面接指導の結果

チェックの実施へ向けた方針表明を行い、社内規程を整備してすべての労働者に周知するとともに、具体的な実施計画の策定や、実施者（産業医など）との連絡調整などを進めます。

ストレスチェックの体制が整い次第、労働者が「質問票」に回答をする形式でストレスチェックを実施します。Webサービスによる回答でもかまいません。ストレスチェックの実施後は、回収した質問票をもとに、ストレスの程度を実施者が評価します。この評価において、自覚症状が高い者や、ストレスの原因や周囲のサポート状況が著しく悪い者を「高ストレス者」として選びます。

高ストレス者と評価された受検者に対しては、実施者が面接指導の申出をするよう勧めます。申出があった場合、事業者は迅速に面接指導を実施しなければなりません。

4 セクハラ

セクハラとは

　セクシュアルハラスメント（セクハラ）とは、相手方の意に反する性的な言動のことで、性的嫌がらせともいいます。労働関係において問題になるのは職場におけるセクハラです。①セクハラの対象はだれなのか、②どのような性的な言動が問題となるか、③セクハラが行われる場所に分けて見ていきましょう。

① セクハラの対象

　セクハラという言葉が世に浸透し始めた当初は、男性から女性に対するセクハラが問題視されていました。しかし、女性から男性へのセクハラの他、同性間のセクハラやLGBT（性的少数者）へのセクハラが問題となるケースもあります。

② 問題となる性的な言動

　職場におけるセクハラは、問題となる性的な言動により、対応型と環境型に分類されています。対応型は、上司が部下に性的な関係を要求し、部下がそれを拒絶したため、その部下を昇進の対象から外すなど、性的な言動を受けた労働者が拒絶した場合に、その労働者が労働条件について不利益を受けることです。

　環境型は、上司が部下の身体をたびたび触るため、その部下が苦痛に感じて就業意欲が低下するなど、性的な言動により労働者の就業環境を悪化させるものをさします。

③ セクハラが行われる場所

　労働者が通常就業している場所はもちろん、労働者が業務を遂行する場所であれば「職場」に含まれます。具体的には、取引先の事務所、接待の席、出張先、業務用の車中、勤務時間外の宴会の席などが「職

● **セクハラとは**

対象	男性から女性へのセクハラ、女性から男性へのセクハラ 同性間のセクハラ、LGBT（性的少数者）へのセクハラ など
言動	① **対応型** （例）上司から部下への性的な関係の要求を拒否した労働者に対する労働条件についての不利益な処遇 ② **環境型** 性的な言動による就業意欲の低下などの就業環境の悪化
場所	労働者が通常就業している場所の他、労働者が業務を遂行する場所を広く含む

場」に該当することがあります。

事業者はどんなことをしなければならないのか

　男女雇用機会均等法の定めにより、事業者は、セクハラの被害を受けた労働者からの相談に応じ、適切に対応するために雇用管理上必要な措置を講じる義務を負っています。

　事業者が実施する具体的措置として、セクハラを防止するための方針を明確化し、その内容を就業規則などに明記して、すべての労働者に周知・啓発します。また、セクハラに対応するための相談窓口を設置し、窓口担当者がセクハラの内容や状況に応じて適切に対応できるようにしておく必要があります。

　実際にセクハラが発生した場合は、事実関係を迅速かつ正確に確認します。事実確認ができたときは、被害者側の心のケアなどに十分な配慮をするのと同時に、セクハラの行為者に懲戒処分を言い渡すなど、再発防止に向けた対策を講じます。さらに、セクハラの当事者（行為者も含む）のプライバシーを保護するために必要な措置を講じます。セクハラを相談したことや、その事実関係の確認に協力したことを理由に不利益な取扱いをしてはならないことを、すべての労働者に周知・啓発することも大切です。

5 パワハラ

パワハラとは

　パワーハラスメント（パワハラ）とは、相手方よりも地位が高いことを利用した嫌がらせです。そして、労働関係において問題となる「職場のパワハラ」は、同じ職場で働く者に対し、職場内の優位性を背景に、業務の適正な範囲を超えて、精神的・身体的苦痛を与えたり職場環境を悪化させたりする行為をさします。

　パワハラは、必ずしも上司から部下に対するものとは限らず、先輩・後輩の関係や同僚間においても、職場内の優位性を背景にするものであれば、パワハラにあたる場合があります。ただし、業務上必要な指示や注意をしただけであっても、個人の受け取り方によって苦痛と感じることもありますが、それらの指示や注意が業務上の適正な範囲である限りは、パワハラにあたりません。

事業者はどんなことをしなければならないのか

　事業者によっては、パワハラの他、セクハラやマタハラ（妊娠・出産・育児休業などに関するハラスメント）などを含めた総合的なハラスメント対策を実施している例もあります。職場のハラスメントを防止するためには、さまざまなハラスメントに対して別個に対策を立てるのではなく、セクハラやマタハラなどの防止策と一体的に取り組むことが重要です。

　したがって、パワハラに対し事業者が講じるべきことは、基本的にはセクハラの防止策と同様のものになりますが、パワハラ独自の原因や背景に焦点をあてた対策も同時にすると、実効性が高まるといわれています。たとえば、労働者間のコミュニケーションの希薄化がパワ

● パワハラとは

対象
職場内での優位性を背景に行われる精神的・身体的苦痛を与える行為など
（例）上司から部下へのパワハラ、先輩・後輩間におけるパワハラ、同僚間におけるパワハラ

典型例
① 暴行や傷害などの身体的な攻撃
② 脅迫・名誉毀損・侮辱・暴言などの精神的な攻撃
③ 隔離・仲間外れ・無視などの人間関係からの切り離し
④ 業務上明らかに不要なことや、遂行不可能なことなどの過大な要求
⑤ 能力や経験とはかけ離れた軽易な仕事や、まったく仕事を与えないなどの過少な要求
⑥ 私的なことに過度に立ち入ること（個の侵害）

ハラの発生に影響することがあるため、日常的な会話を心がけることや、定期的に面談やミーティングをすることで、職場内のコミュニケーションの活性化を図ることが考えられます。事業者としては、ハラスメント予防の取り組みとして、風通しの良い職場環境を作ることが重要とされています。

パワハラに関する法制化の動き

2018年12月現在、男女雇用機会均等法が定めるセクハラに関する規定のように、パワハラに関して事業者に必要な防止措置を義務づける規定は存在しません。そのため、具体的にどのような行為がパワハラにあたるのか、その定義が不明確だといえます。

そこで、2019年の通常国会への提出をめざして、パワハラの防止義務を事業者に義務づける法律案についての議論が始まっています。法律案には、パワハラ対策に関する社内の周知活動や、相談窓口の設置、再発防止のための社員研修などの規定が盛り込まれることが予定されています。

6 過労死

なぜ過労死が発生するのか

　過労死とは、業務における過重な負荷による脳血管疾患や虚血性心疾患を原因とする死亡あるいは業務における強い心理的負荷による精神疾患が原因の自殺による死亡をいいます。過労死はわが国の社会問題として以前より問題とされています。過労死を防止する対策を推進するため、2014年に過労死等防止対策推進法が施行されましたが、依然として長時間労働やパワハラなど、過労死につながる労働条件に関する問題が数多く存在します。

過労死の判断基準

　月80時間を超える残業（時間外労働）が過労死のリスクを高めるとされており、この基準を**過労死ライン**といいます。しかし、月80時間を超えなくても、過労死と判断されるケースは多いと考えられます。過労死の対象疾病は、①脳内出血、くも膜下出血などの脳血管疾患、②心筋梗塞、狭心症などの虚血性心疾患、③うつ病などの精神疾患の3つです。これらが過重労働あるいは業務における異常な出来事（極度の緊張といった精神的負荷を引き起こす予測困難な事態など）を原因として発症したと判断される場合に、過労死と認定されることがあります。

　そして、脳血管疾患・虚血性心疾患の過労死に関しては、発症前2か月から6か月の間に月平均80時間を超える残業をした場合や、発症前1か月に月100時間を超える残業をした場合に、過労死との関連性が高いとされています。もっとも、発症前6か月間の残業が月平均45時間を超えると、徐々に過労死との関連性が高くなるとされてい

● 過労死の判断基準

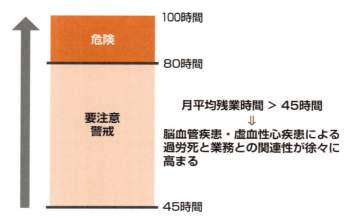

ます。これらの過重労働に加え、予測困難な事態や作業環境の著しい変化といった異常な出来事が重なると、過労死との関連性がより高いと判断されます。

過労自殺について

　過労自殺とは、業務上の出来事やストレス（強い心理的負荷）が原因で疲労が蓄積し、精神疾患を発症して自殺に至る場合をいいます。過労自殺は業務上の出来事だけが原因と判断するのが困難であるため、労災認定がされにくいのが現状です。過労自殺については、①対象疾病（うつ病、ストレス関連障害など）を発症したこと、②発症前6か月間に業務による強い心理的負荷が認められること、③業務以外を原因とした発症とは認められないことの3つが判断基準とされています。

　事業者としては、過労自殺を防止するため、業務量や業務内容が労働者の許容量を超えていないか、パワハラなどで無理を強いられていないかを注視し、定期的に面談を実施するなどの必要な対策をとることが重要と考えられています。

7 労働災害の種類

労働災害とは

　労働災害とは、労働者の業務上または通勤中のケガ、病気、障害、死亡のことで、一般には「労災」と呼んでいます。労働基準監督署長などが労働災害であると認めて労災認定をした場合、被災した労働者やその遺族は、国から**労災保険**（労働者災害補償保険）の給付を受けることができます。労災保険の給付対象になる労働災害には、業務災害と通勤災害の２種類があります。

業務災害とは

　業務災害とは、労働者の業務上の傷病等（ケガ、病気、障害、死亡）をいいます。ここで「業務上」とは、業務起因性およびその前提条件としての業務遂行性が認められることです。
　業務遂行性とは、おもに労働者が事業主の管理・支配下で業務に従事している場合を意味します。ただし、事業場内での休憩時間中の事故や、出張中の事故についても、私的行為による事故でない限り、原則的に業務遂行性が認められます（⇨ P.186 参照）。
　業務起因性とは、業務と傷病等との間に因果関係があることです。業務起因性の有無は、精神疾患の発症や過労死において争われる傾向があります。たとえば、上司からセクハラやパワハラを受けた結果、精神疾患を発症した場合などは、業務起因性が認められる可能性が高くなります。

通勤災害とは

　通勤災害とは、労働者が通勤中に負った傷病等をいいます。ここで

● **労災保険の種類**

【業務災害】労働者の業務上のケガ・病気・障害・死亡

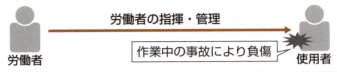

【通勤災害】労働者が通勤中に負ったケガ・病気・障害・死亡

の「通勤中」とは、住居と業務に従事する事業場との間を合理的な経路や方法で往復することをさします。そのため、業務以外の理由で遠回りするなど、通常の通勤経路から逸脱すると、逸脱する間とその後の移動は通勤中とみなされません。ただし、通院や日用品の購入など、日常生活上必要な行為により逸脱した場合には、その後の移動が通勤中として認められます。

なお、業務災害として認定されるものは、通勤中に該当する場合であっても、例外として通勤災害からは除外されます。

業務災害の場合は、事業主（使用者）に対し、労働基準法に基づく労働者への災害補償責任が明確にされています。しかし、通勤災害の場合は、事業主に対し災害補償責任が義務づけられていないため、労働者が初診に限り、医療費の一部を負担する場合もあり、これを一部負担金といいます（原則200円）。通勤災害は事業主の指揮監督下で起こった災害ではないため、労働者にも一部負担をしてもらおうという理由によります。

ただ、一部負担金は休業給付金からの天引きによって徴収されるため、通勤災害が認められると、実際に労働者が医療機関の窓口で医療費を支払うケースはまずないと考えられます。

8 労災認定

労災認定とは

　労働者が業務上の事由でケガや病気にかかった場合、労働基準法では、使用者に労働者への必要な補償を義務づける災害補償制度を定めています。しかし、災害補償制度によっても、使用者側に資力（支払能力）がなければ、労働者は必要な補償を受けることができません。そこで、使用者（事業主）の資力にかかわらず労働者への補償をする制度として、労働者災害補償保険法が労災保険の制度を整備しています。

　労災保険においては、事業主の落ち度の有無にかかわりなく、労働者に金銭などの給付が行われます。労災保険は政府管掌型の保険給付として、労働者を使用するすべての事業主から徴収した保険料を財源にしています。そして、労働者の傷病等（ケガ、病気、障害、死亡）の場合に、労働者本人あるいは本人が死亡した場合は遺族の請求に基づいて、保険給付が行われます。

　もっとも、限られた財源の中で適切な補償を行うため、保険給付の必要性を判断するしくみが設けられています。これを労災認定といいます。

　保険給付の対象には、業務上の傷病等である業務災害と、通勤中の傷病等である通勤災害があります。このうち業務災害については、業務起因性およびその前提条件としての業務遂行性が認められるときに労災認定がなされますが（⇨ P.184参照）、どのような場合に業務遂行性や業務起因性を認めるのかが問題になります。

　たとえば、作業中に機械にぶつかり腕を骨折したなど、業務遂行中の労働者のケガ（負傷）は、業務遂行性や業務起因性が認められやすいケースです。直接には業務を遂行していなくても、会社側の指示に基づく研修会への参加中のケガなど、労働者が事業主の支配下あるい

● **労災認定の基準**

⇒ 通勤経路で発生した傷病等に関する労災認定は比較的容易

⇒ 業務起因性やその前提条件の業務遂行性が認められる場合とは？【労災認定の基準が問題】

| 業務上の負傷 | ⇒ 事業主の支配下あるいは管理下にある中での負傷（負傷が原因による死亡も含む）であれば、労災認定が認められやすい |
| 業務上の疾病 | ⇒ 業務起因性について「業務に起因して生じた疾病（疾病が原因による死亡も含む）」といえるのかが問題となる |

※業務上の疾病における業務遂行性は、事業主の支配管理下にある状態において有害因子を受けることを意味するので、必ずしも業務中に疾病を発症することを要しない

は管理下に置かれている中でのケガも、業務遂行性や業務起因性が認められやすいといえるでしょう。

これに対し、病気（疾病）の場合は、専門的な医学的知識も関連するため、ケガに比べて労災認定が難しくなります。労働者が業務遂行中に病気になった（あるいは病気により死亡した）としても、業務起因性の有無が明確でない場合があるからです。

一般的には「業務に起因して生じた疾病」といえるか否かが業務起因性の判断基準として用いられます。たとえば、心臓疾患や脳疾患など、業務により過重な負荷が身体にかかることで発症しやすい病気については、業務遂行中以外に発症する原因が見当たらない場合に、業務起因性が認められやすくなります。

その他、精神疾患の発症やこれが原因をして生じる過労自殺も問題とされています。精神疾患に関しては、特定の精神疾患（うつ病など）を対象に、これらの精神疾患発症前6か月に業務に基づく強い心理的負担があり、精神疾患が発生する他の事情が存在しない場合などに、業務起因性が認められやすくなります。

9 労働災害に対する保険給付

保険給付の内容

　労災保険による補償には、ケガや病気を治療するための医療費、業務に従事できない間の賃金、障害が残った場合の生活補償など、さまざまな補償があります。労災保険による補償は、その内容に応じて保険給付と社会復帰促進等事業に大きく分けられます。

　補償の中心的存在が保険給付であり、業務災害に対する補償として、療養補償給付、休業補償給付、障害補償給付、遺族補償給付、葬祭料などがあります。通勤災害に対する補償も、名称は異なりますが、補償内容は業務災害の場合と基本的には同じです。

　社会復帰促進等事業とは、保険給付を補填するために特別支給金が支給される制度をいいます。特別支給金には、休業特別支給金、障害特別支給金、遺族特別支給金などがあります。

休業補償給付と休業特別支給金の手続き

　休業補償給付と休業特別支給金は、労働者が業務災害によって休業を余儀なくされた場合に支給されます（通勤災害も基本的に同じ）。

　休業補償給付とは、業務上のケガや病気を理由に労働者が休業した場合に、休業4日目から賃金の補償として給付を受けることができる制度です（休業3日目までの期間は待機期間と呼ばれます）。業務災害による休業の場合は1日につき使用者が平均賃金の60%以上を支払います。休業4日目から休業補償給付を受けることができ、給付される金額は1日につき給付基礎日額（原則として平均賃金に相当する金額のこと）の60%です。

　さらに、労災保険の社会復帰促進事業から、休業4日目かから1日

● おもな保険給付の内容（業務災害の場合）

給付が必要な場合	労災保険の種類	給付の内容
業務災害・通勤災害によるケガや病気により療養が必要な場合	療養補償給付	病院で無料で治療を受けられる（労災指定病院等以外での治療は立替分の返還になる）
業務災害・通勤災害による疾病のため働けず賃金を受け取ることができない場合	休業補償給付	休業4日目から、休業1日ごとに給付基礎日額（原則として平均賃金）の60%にあたる金額が支給される
業務災害・通勤災害により障害が残った場合	障害補償年金【障害等級1級～7級まで】	障害の等級に応じて給付基礎日額の131日分から313日分の年金が支給される
	障害補償一時金【障害等級8級～14級まで】	障害の等級に応じて給付基礎日額の56日分から503日分の一時金が支給される
業務災害・通勤災害により労働者が死亡した場合	遺族補償給付	特定の受給資格を満たす遺族の人数に応じて、給付基礎日額の153日分から245日分の年金が支給される
	遺族補償一時金【遺族補償給付の受給資格を持つ遺族がいない場合など】	給付基礎日額の1000日分の一時金が支給される
業務災害・通勤災害により死亡した労働者の葬祭を行う場合	葬祭料（葬祭給付）	原則として315,000円に給付基礎日額の30日分を加えた金額が支給される

につき給付基礎日額の20%が「休業特別支援金」として支給されます。これにより、休業補償給付とあわせて、休業中は賃金の80%程度が補償されることになります。

Column

安全配慮義務

　安全配慮義務とは、使用者が労働者の生命・身体の安全や健康を確保するよう配慮しなければならない義務をいいます。

　労働契約（雇用契約）における使用者側の基本的な義務になるのは、労働者が提供した労働力の対価として労働者に対し賃金を支払う義務です。しかし、使用者は賃金さえ支払えば、労働者をどのように扱ってもよいわけではありません。労働契約は、使用者と労働者との間の継続的な契約であって、契約の対象は労働者の労働力です。そのため、労働者があまりにも危険な環境での労働を強いられている場合には、生命や身体といった重要な利益が危険にさらされてしまいます。

　そこで、使用者は、労働契約の中で、労働者の生命・身体に関する利益を不当に侵害することがないように、労働契約における付随的な義務として安全配慮義務を負っています。安全配慮義務については、契約の当事者が互いに信義誠実に権利を行使するとともに、義務を負担すべきであるという、民法や労働契約法が定める信義誠実の原則から導き出されると考えられています。

　使用者が安全配慮義務に違反した場合、労働者は、それによって被った損害について損害賠償請求ができます。もっとも、業務中の傷病等は労災保険の対象になりますが、労災保険の対象は業務災害と通勤災害に限定されています。さらに、労災保険では精神的損害に基づく慰謝料は補償の対象に含まれません。

　そこで、労働者は安全配慮義務違反に基づき、使用者に対し損害賠償請求をして、これが認められると、労災保険の対象外の損害分の支払いや、精神的損害に対する慰謝料の支払いを受けることが可能になります。

第8章
配置転換・出向・非正規雇用

1 労働者の人事異動

人事異動の種類

　人事異動とは、労働者が使用者（会社）の命令により、それまで従事してきた職務、地位、勤務場所、会社が変更され、異なる職務、地位、勤務場所、会社において、比較的長期にわたり業務に従事することをいいます。人事異動の種類として、会社内の人事異動（転勤、配置転換、役職の任免）と、会社間の人事異動（出向、転籍）とに分けることができます。人事異動をする目的としては、労働者の人的育成、組織の活性化などが挙げられます。

　人事異動は、転籍の場合を除き、労働者との間に包括的合意があれば、比較的自由に認められます。包括的合意とは、就業規則などに「使用者が業務の都合により、労働者に対して出張、配置転換、転勤を命じることがある」といった定めがある場合、労働者の個別的同意がなくても人事異動が認められることを意味します。

　その他、人事異動が認められる条件として、多くの部署や支店などがあり、他の労働者も頻繁に異動していることや、労働契約の締結時に労働者との間で職種や勤務場所の特定につき合意がなされていないことなどが挙げられます。ただし、人事異動は労働者にとって不利益な場合もあり、トラブルの原因になるため、労働者に対する個別の説明と周知も必要とされています。

配転命令や転勤命令にも限界がある

　配置転換（配転）とは、人事異動のうち、それまで労働者が従事してきた勤務地や職種から、別の勤務地や職種へ変更することをいいます。一般に同じ事業場内における配転は配置替えというのに対し、勤

● **人事異動の類型**

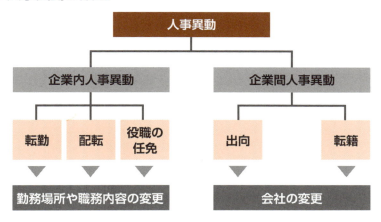

務地の変更をともなう場合を転勤（勤務地変更）といいます。転勤によって継続的・長期的に労働者の勤務地が変更されることになります。

配転については、それが就業規則や労働協約などに明記されており、労働契約締結時に職種や勤務場所の特定についての合意がなければ、使用者は、労働者の個別的同意がなくても配転命令をすることが可能です。ただし、使用者によるパワハラや嫌がらせなどによる配転など、配転命令が権利の濫用と認められる場合は無効になります。

権限濫用の判断基準

配転命令における権限濫用の判断基準には、業務上の必要性、目的（動機）の妥当性、労働者の不利益の限度の3つがあります。

業務効率化や労働者の能力向上といった業務上の必要がない場合は、直ちに配転命令が権利の濫用と判断されます。一方、早期退職を勧める目的や労働者への嫌がらせ目的など、目的に正当性がない場合か、あるいは労働者が著しい不利益を被る場合は、業務上の必要があっても配転命令が権利の濫用と判断されます。

2 出向と転籍

出向や転籍とは何か

出向（在籍出向） とは、労働者が所属する会社（出向元）との労働契約を継続したまま、別の会社（出向先）に勤務することをいいます。出向先との雇用関係はないので、原則として出向先から出向元への復帰が予定されています。

転籍（転籍出向） とは、労働者が自身の所属する会社（出向元）が指定した別の会社（出向先）に勤務するため、出向元を退職した上で、出向先と新たに労働契約を締結し、出向先で勤務することをいいます。出向先と新たな雇用関係が成立しているので、出向元への復帰は予定されていないことが多いようです。

出向と転籍はともに企業間人事異動にあてはまります。ただし、出向の場合は、労働者が出向元に雇用されたままの状態であるのに対し、転籍の場合は、出向元を退職する点が異なります。

出向や転籍の命令に法的な問題はないのか

出向や転籍に関する労働者の合意については、個別的同意と包括的合意の2種類があります。個別的合意とは、個々の労働者が自らの人事異動について同意することをいいます。一方、包括的合意とは、就業規則などに出向や転籍に関する定めがある場合、労働契約の締結時に労働者がその内容に合意したと扱うことをいいます。

ただし、労働契約法の定めで、使用者による出向・転籍の命令が権利を濫用したと判断される場合、その命令は無効になり、使用者は出向や転籍を強制できなくなります。どのような場合に権利の濫用になるかについては、出向と転籍で異なります。

● 出向と転籍

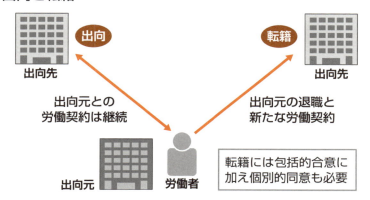

　出向の場合は、労働者の包括的合意があれば、出向命令が有効になります。ただし、配転命令と同様に、業務上の必要性、目的（動機）の妥当性、労働者の不利益の限度という判断基準から権利の濫用といえる場合には、出向命令が無効になります。

　これに対し、転籍の場合は、個別的同意と包括的合意の両方が必要です。転籍は出向元の退職をともない、労働者が多大な不利益を被る可能性があるからです。個別的同意と包括的合意の両方がないまま転籍させると、権利の濫用として無効になります。

労働基準法などの適用を受けるのは出向元か出向先か

　出向の場合は、出向元と出向先それぞれの権限に応じて労働基準法などの法律の適用を受けます。たとえば、出向元が賃金を負担している場合、雇用保険、解雇、退職などは出向元が責任を負うため、それらに関する法律は出向元に適用されます。一方、労災保険、労働時間、休日などは、実際に勤務する出向先が責任を負うため、それらに関する法律は出向先に適用されます。

　転籍の場合は、出向元との間の労働契約が終了しているため、労働基準法などの法律は出向先にのみ適用されます。

3 継続雇用制度

高年齢雇用確保措置とは

　高年齢者雇用安定法では、定年を65歳未満と定めている事業主に対し、65歳まで継続的に雇用するための措置（高年齢者雇用確保措置）を実施することを義務づけています。なお、高年齢者雇用安定法では、定年を60歳以上と定めていますが、高年齢者雇用確保措置は、定年を65歳以上に引き上げることを要求しているものではありません。

　高年齢者雇用確保措置とは、①65歳までの定年引上げ、②希望者全員を対象とする継続雇用制度の導入、③定年制廃止のうちいずれかの措置を実施することをいいます。会社側にとっては、60歳までの雇用関係をそのまま維持する定年引上げや定年制廃止を実施することは厳しいと考えられます。したがって、多くの会社では継続雇用制度を導入しています。

勤務延長制度と再雇用制度はどう違う

　継続雇用制度とは、労働者本人が希望すれば、定年後も引き続き雇用する制度のことで、事業主は、原則として希望者全員を65歳まで雇用しなければなりません。定年後の継続雇用先については、労働者が雇用されていた会社だけでなく、その子会社や関連会社などのグループ会社にすることも認められています。

　継続雇用制度には、勤務延長制度と再雇用制度の2種類があります。勤務延長制度とは、定年に達した労働者を退職させず、定年前の労働契約を引き継いだまま雇用する制度をいいます。これに対し、再雇用制度とは、定年に達した労働者を定年退職させた上で、新たに労働契約を結ぶ制度をいいます。

● **継続雇用制度の種類**

勤務延長制度	再雇用制度
退職せず継続雇用	退職後に新たに雇用
雇用形態は変更せず	雇用形態の変更可能
賃金水準は変更せず	賃金水準の変更可能

多くの会社が再雇用制度を導入

　再雇用制度の場合、会社側としては、賃金や雇用形態などの労働条件を変更できるのがメリットです。たとえば、定年前は正社員であった労働者を、定年後はアルバイトやパートタイマーとして再雇用することができます。会社側は賃金などのコストを削減できるため、多くの会社は再雇用制度を導入しています。ただ、再雇用後の賃金を定年前より大幅に引き下げることは、高齢社会の中で、キャリアを積んできた高齢者が、より長く働き続けることを可能にするという継続雇用制度の目的に反し違法と判断される場合があります。

再雇用制度には契約期間についての特例がある

　再雇用制度における契約期間は、通常は1年とし、1年ごとに契約を更新します。その後、契約期間が通算5年を超えると、無期転換ルール（⇨ P.48参照）が適用され、期間の定めのない労働契約に転換することができるのが原則です。

　しかし、通算5年を超える再雇用者について、雇用管理に関する計画を作成し、都道府県労働局長の認定を受けた場合は、無期転換ルールの適用が除外され、再雇用者の無期転換申込権は発生しないという例外があります。この場合は、契約期間が通算5年を超えても、再雇用者は期間の定めのない労働契約への転換ができなくなります。

第8章 ● 配置転換・出向・非正規雇用

4 外国人雇用

外国人を雇うには在留資格が必要

　少子高齢化による就労人口の減少が進む中、外国人労働者の雇用が年々増加していますが、わが国で雇用できる外国人は、就労が認められる在留資格を取得した外国人に限られています。在留資格とは、外国人の活動を類型化した上で、どの類型であれば日本に在留できるのかを明確にした一定の資格をさします。

　日本で就労することができる在留資格は、医療、法律・会計業務、研究、介護、芸術などの高度で専門的な能力を必要とする在留資格に限られます。留学、研修、家族滞在などの在留資格では就労することはできません。ただし、就労が認められない在留資格を持っている場合であっても、入国管理局に申請の上、資格外活動許可を取得している場合は、一定の範囲内で就労できる場合があります。その他、永住者や日本人の配偶者など、身分や地位に基づく在留資格には就労の制限がありません。

　これに対し、在留資格を取得していない外国人は、90日を超えて日本に滞在することができません。わが国では、単純労働などを目的とした在留は、基本的には認められていません。

　日本に長期滞在しているすべての外国人は在留資格を取得しており、在留資格の証明証として在留カードを持っています。在留カードには在留資格の取得日や在留期間が記載されており、観光目的などで日本を訪れる外国人には交付されません。外国人労働者を雇用する際は、在留資格、就労の有無、在留期間を確認するため、在留カードの提示を求める必要があります。就労可能な在留資格がない外国人を雇用し就労させた場合、不法就労助長罪として3年以下の懲役または300万

● **就労が認められるおもな在留資格**

在留資格	国内で行うことができる活動
外交	外国政府の大使、公使等とその家族
芸術	画家、作曲家など
報道	外国の報道機関の記者など
法律・会計業務	弁護士、公認会計士、行政書士など
医療	医師、薬剤師、看護師など
研究	政府関係機関や企業等の研究者
教育	中学や高校の語学教師など
技術・人文知識・国際業務	機械工学等の技術者、通訳など
興行	歌手、俳優、プロスポーツ選手など

円以下の罰金を科される場合があるからです。

新たな在留資格が創設された

2018年12月に出入国管理法の改正案が成立し、介護や建設業など人材確保が困難な業種における新たな在留資格として、相当の知識や経験が必要な業務に就く特定技能1号と、とくに熟練した技能を持つ業務に就く特定技能2号を創設することが決まりました。このうち特定技能2号は、在留資格の更新や家族の帯同が認められており、長期間の日本滞在を可能にする在留資格です。

外国人を雇うときの注意点

日本国内の企業に雇用された外国人労働者に対しては、労働基準法が適用されるため、外国人を雇用する場合にも、労働契約書、労働条件通知書、就業規則などを整備する必要があります。使用者は、外国人労働者に対しても、時間外手当や休日手当の支給、労災補償などを実施しなければなりません。

5 有期雇用労働者の採用手続き

有期雇用労働者保護のための法的規制

　有期雇用労働者とは、使用者との間で有期労働契約（期間の定めのある労働契約）を結んでいる労働者のことで、非正規労働者などとも呼ばれています。一方、正社員である労働者は、使用者との間で無期労働契約（期間の定めのない労働契約）を結んでいるのが一般的です。そして、有期雇用労働者の中には、正社員と比べて働く時間が少ない労働者がいます。これをパートタイム労働者といい、法律上は「短時間労働者」と名づけられています。

　以前からパートタイム労働者の保護に特化した法律として「短時間労働者の雇用管理の改善等に関する法律」（パートタイム労働法）が存在しています。一方、契約社員などを含めたすべての有期雇用労働者の保護に特化した法律は存在せず、労働契約法の定めにより、正社員との間における不合理な労働条件の相違を禁止する規定があるなどにとどまっていました。

　そこで、2018年の働き方改革法成立にともなうパートタイム労働法改正で、この法律の適用対象に有期雇用労働者を加え、法律の名称も「短時間労働者及び有期雇用労働者の雇用管理の改善等に関する法律」（パートタイム・有期雇用労働法）に変更することが決まりました（2020年4月1日の施行予定です）。

パートタイム労働者とは

　パートタイム労働者（パートタイマー） とは、正社員と比べて週所定労働時間が少ない労働者をいいます。たとえば、正社員が1週40時間（1日8時間）働くという労働契約を締結しているのに対し、1

● パートタイム・有期雇用労働法

> （かつての）パートタイム労働法
>
> ↓ 働き方改革法の成立
>
> パートタイム・有期雇用労働法 に名称変更
>
> ⇒ 有期雇用労働者全般について正社員との均等待遇が義務づけられる！
>
> **パートタイム・有期雇用労働法のポイント**
> - 有期雇用労働者を適用対象に追加
>   ⇒ 従来のパートタイム労働法の適用対象外であったフルタイムの有期雇用労働者（契約社員など）も適用対象に含まれる
> - 職務内容が正社員と同じである有期雇用労働者やパートタイム労働者について、正社員と「職務内容」「職務内容や配置変更の範囲」が同一である場合の均等待遇の確保が明文化
>   ⇒ 同一労働同一賃金に向けた規定

週25時間（1日5時間）働く労働契約を締結しているような場合です。労働時間が正社員と比べて短く設定されている場合は、名称を問わず、無期労働契約を結んでいても、パートタイム労働者にあたります。

有期労働契約とは

　有期労働契約は契約期間の定めがある労働契約のことで、期間の定めのある労働契約ともいいます。そして、有期労働契約を結んでいる労働者のことを有期雇用労働者あるいは有期労働者といいます。正社員と比べて労働時間が短いパートタイム労働者だけでなく、正社員と同じようにフルタイムで働く契約社員も有期雇用労働者にあたります。

　民法の規定によると、有期労働契約を結んだ使用者と労働者の双方は、やむを得ない事情がない限り、契約期間中に有期労働契約を一方的に解約することができません。しかし、これでは契約期間が長期に及ぶ場合、労働者は、使用者との間で結んだ有期労働契約に縛られる

ことになりかねません。

そのため、労働基準法は、原則として「3年」を超える有期労働契約を結ぶことを禁止しています。ただし、高度な専門知識などを持つ労働者や、満60歳以上の労働者との有期労働契約については、5年以内の契約期間を定めることが認められるなど、例外も設けられています（⇨ P.47 参照）。

契約期間の上限を超える有期労働契約が締結された場合、契約期間が上限（原則3年）に短縮されますが、契約自体は有効なままです。

正社員と比べて不合理な待遇の禁止

かつてのパートタイム労働法はパートタイム労働者について、労働契約法は有期雇用労働者について、それぞれ待遇改善に関する規定が設けられていました。これに対し、パートタイム・有期雇用労働法では、パートタイム労働者と有期雇用労働者の双方について、一体的に不合理な待遇を禁止する規定を設けています。

具体的には、事業主（会社）が、パートタイム労働者や有期雇用労働者について、正社員（正規雇用労働者）と比べて不合理な待遇をすることを一般的に禁止しています。不合理な待遇にあたるか否かは、個々の待遇ごとに、その性質や目的などに照らして適切とされる事情を考慮して判断すべきとされています。

また、パートタイム労働者や有期雇用労働者について、正社員と異なる待遇を行う場合は、異なる待遇の具体的な内容や異なる待遇を行う理由の説明義務が、事業主に課せられています。

職務の内容が正社員と同じ場合の均等待遇の確保

パートタイム・有期雇用労働法では、パートタイム労働者や有期雇用労働者について、正社員と比べたときに、職務の内容及び配置変更の範囲の両方が同じである場合に、基本給や賞与などの待遇に関する

差別的取扱いを禁止し、均等待遇の確保を求めています。これは同一賃金同一労働に向けた規定といわれています。つまり、次の2つの要件を満たす場合に、待遇に関する格差が差別的取扱いにあたることになります。

① 職務の内容が同一である

契約期間全体を通じ、正社員と比べて担当する職務内容が同一であることを意味します。そして、職務の内容が同一であるかどうかは、パートタイム労働者・有期雇用労働者の「業務内容」と「業務にともなう責任の程度」が、正社員と同一であるかどうかによって判断します。

まず、業務内容の同一性については、おもに両者の中核的業務（労働者に与えられた職務に不可欠な業務など）が同一であるかどうかを検討します。次に、業務にともなう責任の程度については、両者の業務にともなう責任の程度が著しく異ならないかどうかを検討します。どちらも正社員と同一である（異ならない）と判断することができる場合、①の要件を満たすことになります。

② 職務内容の変更範囲や配置の変更範囲が同一である

契約期間全体を通じ、パートタイム労働者・有期雇用労働者の職務内容の変更範囲や配置の変更範囲が、正社員と同一であることが見込まれることを意味します。つまり、正社員と人事異動の有無やその範囲が同じであると見込まれることです。

たとえば、パートタイム労働者・有期雇用労働者と正社員の職務内容がともに変わらず、配置換えや転勤もないことが見込まれる場合は、両者の職務内容の変更範囲や配置の変更範囲が同一であると評価され、上記②の要件を満たすことになります。

一方、パートタイム労働者・有期雇用労働者には転勤がないのに対して正社員には全国転勤が予定されている場合は、少なくとも両者の配置の変更範囲が異なるので、②の要件は満たさず、均等待遇の確保に関する規定は適用されません。

6 有期雇用労働者の契約更新と雇止め

雇止めとは何か

　有期労働契約においては、契約期間が満了すると、原則として労働契約は終了します。ただし、契約期間の満了後も引き続き労働者が就労し続けたことに対し、使用者が異議を述べなかった場合は、以前の労働契約と同一の条件で、労働契約が引き続き存在するものとして扱われます。この場合、契約期間の定めはないものとして扱われます（無期労働契約に転換します）。

　一方、使用者が契約期間の満了にあたり、以後の契約期間の更新はしないと労働者に通知する場合があります。これにより、有期労働契約が存続する根拠が消滅し、原則に従って有期労働契約は終了することになります。これを**雇止め**といいます。

　雇止めは、使用者が労働者に対し契約更新がないことを伝える形式をとりますので、使用者の一方的な判断によって、労働者との契約を打ち切ることを可能にします。たとえば、労働者が従事している業務の内容が実質的に正社員と同一であっても、有期労働契約を締結している場合は、雇止めによって契約を打ち切ることが可能だということです。

　このように、雇止めは有期雇用労働者の地位を不安定にさせるものであるため、一定の歯止めをかけなければ、有期雇用労働者と正社員との待遇の格差を拡大させることにつながります。

契約更新が繰り返されている場合

　労働契約法では、雇止めについて制限を設けています。これを**雇止め法理**といいます。具体的には、次の①あるいは②の事情が認められ

● 雇止めとは

| 契約更新 | ⇒ 労働契約が存続する |
| 契約更新を拒否 | ⇒ 労働契約が終了する（雇止め） |

∴使用者の一方的判断で有期労働契約を打ち切ることが可能 ⇒ 雇止めの規制が必要!!

る場合において、労働者の契約更新の申込みに対し使用者が拒絶することが、客観的・合理的な理由を欠き、社会通念上相当でないときは、使用者が以前の有期労働契約と同じ労働条件で契約更新をしたとみなします。

① 労働者の有期労働契約が過去に繰り返し更新されており、無期労働契約と同一の状態で存在しているため、雇止めが正社員に対する解雇と同視できる場合
② 労働者が①に該当しなくても、労働契約を締結した経緯や、他の有期雇用労働者が更新拒否をされていないなどの事情を考慮し、労働者が契約更新を期待することについて合理的な理由がある場合

無期転換ルールとの関係

労働契約法では、雇止めに対する歯止めの一環として、無期転換ルールを定めています。同じ使用者との間で、有期労働契約が更新されて通算5年を超えた場合に、労働者が無期労働契約への転換を申し込むと、使用者はその申込みを拒否できず、無期労働契約が成立したものと扱うルールです（⇨ P.48 参照）。

7 労働者派遣

労働者派遣とは

　労働者派遣（派遣労働）とは、派遣会社（派遣元）と労働契約を締結している労働者（派遣労働者）を、他の企業（派遣先）の指揮命令下での労働に従事させる形態をいいます。労働者派遣については「労働者派遣法」（労働者派遣事業の適正な運営の確保及び派遣労働者の保護等に関する法律）の規制に従わなければなりません。労働者派遣をするためには、派遣元と派遣先との間で労働者派遣契約を締結することが必要です。

　労働者派遣の特徴として、派遣先と派遣労働者との間に労働契約が存在しない点が挙げられます。本来、派遣労働者は派遣先の指示に従う必要はないはずですが、労働者派遣契約において、派遣労働者が「派遣先の指揮命令に従う」という内容の取り決めをしています。そのため、派遣先としては、新たに労働者を雇用することなく、直接的に自己の指揮命令に従う労働力を手に入れることができるというメリットがあります。もっとも、労働者派遣に関して、派遣先は自己が指揮命令した業務について、派遣労働者の健康や安全を確保するなどの義務を負います。

業務請負との区別

　労働者派遣と区別されるべき形態として業務請負があります。業務請負とは、事業主が自らの業務の完成を他者に委託する契約をいいます。業務の遂行について自ら雇用する労働者以外の人を受け入れる形式であるため、労働者派遣と類似しています。しかし、業務請負の場合、事業主（注文者）は、請負人の労働者に対し、直接指揮命令がで

● **労働者派遣とは**

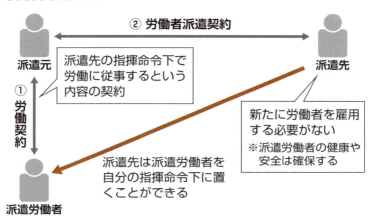

きません。一方、原則的には、請負人の労働者に対し、健康や安全に関する義務を負いません。

そのため、実態は労働者派遣であるにかかわらず、業務請負の形式をとる偽装請負が用いられることがあります。労働者派遣に関しては、厚生労働大臣の許可が必要である他、労働者派遣法のさまざまな規制を受けるため、労働者派遣法の適用を回避するために偽装請負が用いられます。

厚生労働省は、労働者派遣と業務請負を区別する基準を示しています。この基準によると、次の2つの条件をともに満たす場合のみ業務請負であると判断され、満たさない場合は労働者派遣として扱われます（偽装請負）。許可がないのに労働者派遣をしたと扱われると、労働者派遣法違反で処罰される場合があります。

① 他者の下で働かせる労働者に関する責任を自ら負い、業務の遂行にあたり、その労働者に対し自ら指揮命令をすること
② 他者の下で働く労働者が、単なる肉体的な労働力を提供するだけではなく、専門的な知識・技能に基づき、他者の提供する設備などを用いずに労働していること

派遣が禁止されている業務もある

　労働者派遣法では、次の①～④のいずれかにあてはまる業務について、労働者派遣を禁止しています。
① 港湾運送業務（港湾での船内荷役、小型船による貨物運送、沿岸荷役やいかだ運送、船積貨物の鑑定、検量など）
② 建設業務（土木、建築その他の工作物の建設、改造、保存、修理、変更、破壊・解体など）
③ 警備業務（事務所、住宅、駐車場、遊園地の警備など）
④ 医療関連業務（医師、歯科医師、薬剤師、看護師など）
　ただし、上記④の業務については、紹介予定派遣に該当する場合は許されるという例外に注意が必要です。
　紹介予定派遣とは、派遣元が労働者派遣と有料職業紹介事業の許可を得ており、派遣期間終了後に、派遣先で派遣労働者が直接雇用されるのを前提に行われる労働者派遣をいいます。
　紹介予定派遣の場合は、派遣元・派遣先ともに、同一の派遣労働について6か月を超えた派遣・派遣受入れができません。派遣期間後に派遣先で直接雇用されることがあらかじめ想定されているためです。その他、紹介予定派遣の場合は、派遣労働者がある程度特定できること、頻繁に派遣労働者が入れ替わることが想定されていないことなどの理由から、医師などの専門性の高い業務であっても労働者派遣が例外的に認められています。

派遣期間の上限について

　労働者派遣法は、派遣元において期間の定めのない労働契約を締結している派遣労働者（無期雇用派遣労働者）や、とくに就労の機会が制限されている60歳以上の派遣労働者については、派遣期間の規制が設けられていません。これらの派遣労働者は、派遣期間の制限なく、比較的安定した雇用環境の下で、派遣先において労働に従事すること

● 派遣期間

> **派遣元と期間の定めのない労働契約を結んでいる場合**
> **（無期雇用派遣労働者）**
> - 派遣期間の制限なく、比較的安定した雇用環境の下で、派遣労働に従事できる
> - 派遣元が契約終了を希望する場合、解雇に関する規制が適用される
>   ⇒ 派遣先が派遣労働者の受け入れを拒否したことのみを理由に、労働契約を一方的に解約することはできない
>
> **派遣元と期間の定めのある労働契約を結んでいる場合**
> **（有期雇用派遣労働者）**
> 【派遣期間の制限】
> - 同一の派遣労働者 ⇒ 派遣先の同一の組織単位に３年を超えて派遣できない（例外なし）
> - 派遣先の同一の事業所 ⇒ ３年を超えて労働者の派遣を受けることはできない
>   ※例外として、派遣先において過半数組合などの意見を聴取した上で、派遣期間を延長できる（延長期間は３年間が上限）

が可能です。

これに対し、派遣元において期間の定めのある労働契約を締結している派遣労働者（有期雇用派遣労働者）については、労働者派遣法が派遣期間の規制を設けています。

まず、同じ派遣労働者を派遣先の同じ組織単位（課・グループ）に３年を超えて派遣することはできません。この派遣労働者単位の派遣期間の制限は、延長が認められていません。

次に、派遣先の同じ事業所（工場や事務所など）に３年を超えて労働者派遣を受けることはできません。ただし、この派遣先事業所単位の派遣期間の制限は、派遣先の過半数組合（ない場合は過半数代表者）から意見を聴取した上で、派遣期間の延長が認められます。延長期間については、延長の機会ごとに３年間が上限になります。過半数組合などが派遣期間の延長に異議を述べた場合、派遣先は過半数組合などに対し、派遣期間延長の理由などに関して説明する義務を負います。

8 派遣先事業主の注意点

派遣先の義務と責任

　労働者派遣において、派遣労働者が労働契約を締結しているのは派遣元です。したがって、派遣労働者の権利義務を守るため、労働基準法などが定める義務を負うのは、原則として派遣元です。実際に派遣労働者の賃金について、労働者が派遣される業種や、その派遣労働者の能力などを考慮して、適正な賃金の額を決定する義務が派遣元に課せられています。

　しかし、派遣労働者に対し、実際に指揮監督をするのは派遣先です。そこで、派遣労働者が業務に従事する中で、使用者（事業者）に課される義務については、派遣先もまた派遣元と同様に責任が認められる場合があります。

　まず、派遣先が派遣元と共同して負担する義務として、労働基準法が定める待遇に関する義務、強制労働の禁止、派遣労働者の安全衛生の確保に関する義務、派遣労働者の妊娠・出産に対する保護、セクハラの防止義務などが挙げられます。

　一方、派遣先のみが負担する責任も存在します。代表的な責任として、労働基準法が定める労働時間・休憩・休日の規制に基づく義務などが挙げられます。その他、派遣労働者に対し、派遣先が自ら直接雇用する労働者と同様に、福利厚生施設の利用機会などを提供するよう配慮する必要があります。

労働契約申込みみなし制度

　労働者派遣法は、派遣労働者について、派遣先との間で労働者派遣を超えて直接雇用の途を開き、派遣労働者の雇用の安定化をめざして

● 労働契約申込みみなし制度

労働契約申込みみなし制度の対象になる派遣先の行為

① 労働者派遣が禁止されている業種について派遣労働者を受け入れている場合
② 必要な許可を受けていない派遣元から派遣労働者を受け入れている場合
③ 定められている派遣期間を超えて派遣労働者を受け入れている場合
④ 偽装請負によって実質的には労働者派遣を受け入れている場合

⇒ 派遣先から派遣労働者に対し、労働契約締結の意思表示(申込み)があったものとみなされ、派遣労働者が承諾すると労働契約締結の効果が発生する

います。具体的には、同一の事業所で1年を超えて派遣労働者を受け入れている際に、その事業所で新たな労働者の直接雇用を検討する場合、派遣先は、業務内容、賃金、労働時間などの募集条件について、派遣労働者への周知が求められます。

さらに、派遣労働者の安定的雇用を確保するため、より強固な方法として労働契約申込みみなし制度があります。この制度は、派遣先が派遣禁止業務について派遣労働者を受け入れたり、派遣期間を超過して派遣労働者を受け入れたりする場合などに、派遣先から派遣労働者に対し労働契約の締結を申し込んだとみなす制度です。労働契約の内容としての労働条件は、申込みがみなされた時点での派遣労働者の労働条件と同じになります。

その後、派遣労働者が申込みとみなされた行為に対し、労働契約の締結を希望するとの意思表示(承諾)をすると、その時点で労働契約締結の効果が生じます。この制度により、労働契約が成立したにもかかわらず、派遣先が労働者を就労させない場合、厚生労働大臣が派遣先への助言・指導・勧告を行いますが、勧告に従わなければ、派遣先の企業名が公表されることがあります。

Column

障害者雇用

　障害者が働く機会を得ることができるように、障害者雇用促進法に基づき、企業には一定の割合で障害者を雇用することが義務づけられています。2018年12月現在の法定雇用率（全労働者に対する障害者の割合）は民間企業では2.2%とされており、法定雇用率は原則として5年ごとに見直されることから、今後も段階的に上がることが考えられます。また、教育委員会には2.4%、国や地方公共団体には2.5%と、より高い雇用率が課されています。さらに2018年4月からは企業が雇用すべき障害者の対象として、新たに躁鬱病や統合失調症などの精神障害者も加わりました。

　障害者の雇用義務があるのは労働者数が45.5人以上の企業です。法定雇用率に満たない企業は、不足している人数分で1人当たり月額5万円の障害者雇用納付金を支払う必要があります。反対に、法定雇用率を超える障害者を雇用し、障害者の活躍の場を広げている民間企業に対しては、1人当たり月額2万7,000円の調整金や報奨金が支給されます（障害者雇用納付金制度）。

　その他、障害者の雇用における障害を理由とした差別の禁止や、事業主に対し、障害者が職場で働く場合に生じる支障を改善する措置を行うことを義務化しています。

　しかし、中央省庁になどによる障害者雇用の水増しが問題とされたケースがあるように、障害者雇用に関しては民間企業においてもまだまだ定着していないのが現状です。近年、労働力人口の減少が問題視され、企業の人手不足が増えている状況の中、働きたくても働き口のない障害者を積極的に受け入れるような環境を整えていくことが重要とされています。また、障害者雇用における各企業の成功事例を広めるなど、企業と障害者の双方にとって有益な情報を広め、活用していくことが大切でしょう。

第9章
労働トラブル

1 労働基準監督署の調査

労働基準監督署はどんなことをするのか

　労働基準監督署とは、事業者に対し、労働基準法や労働安全衛生法等の法律を遵守し、労働者を適切に雇用しているかどうかを監督、調査及び指導をする厚生労働省の出先機関です。

　労働基準監督署はおもに、労働条件や安全衛生についての監督や調査、指導などを行っています。たとえば、未払賃金や残業代、労働時間や休日、管理監督者に関する問題などの他、事業場の安全衛生管理体制の調査、健康診断の実施の有無などの問題について調査や行政指導を行います。その他、労災保険の保険料の徴収、労災事故の被災者への給付なども行っています。

　労働基準監督署には、労働基準法などに違反しているかどうかを調査するため、事業場に立ち入って調査し改善の指導をする、臨検監督という調査の手法を用いる権限があります。

　臨検監督では、労働者名簿やタイムカード、就業規則などの書類の確認、労働者に対するヒアリングなどが行われ、書類の内容に虚偽や改ざんなどがないかどうかを調査します。たとえば、事業場の帳簿類は正しく作成、管理されているかどうか、割増賃金は正しく支払われているかどうか、労働者の健康診断はきちんと実施されているか、などについて調査する場合などです。調査の結果、法令違反や改善すべき点があると判断された場合には、是正勧告書や指導票が送付されます。

　この他の調査の手法として、事業場の責任者を労働基準監督署に呼び出して調査を行う**呼び出し調査**もあります。この場合は、労働基準監督署から、出頭通知書が送付されてきます。出頭通知書には、出頭理由の他、労働者名簿や賃金台帳、出勤簿、就業規則など、持参すべ

● **労働基準監督署の調査**

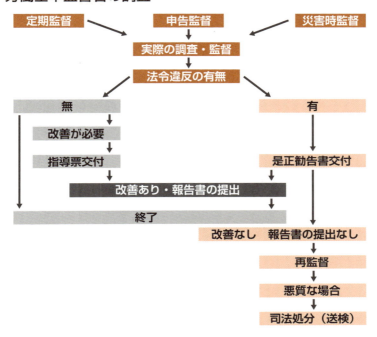

き内容が記載されていますので、事業場の責任者は、記載事項を確認し、準備しておくことが必要です。

　労働基準監督署による調査は、労働基準監督官という担当官により行われます。臨検監督の場合には、通常2人の担当官が調査を実施します。労働基準監督官には、事業場などへの立ち入り調査権、帳簿や書類、証拠などの提出要求権、事業主や労働者に対する出頭命令権など、労働基準法により、行政指導や取り締まりを行うためのさまざまな権限が付与されています。

　事業者に対し、出頭命令や書類の提出要求がなされた場合、事業主は理由なくこれを拒否することはできません。また、臨検監督を拒否したり、虚偽の内容を伝えたりした場合などには、労働基準法により、30万円以下の罰金に処せられることもあります。

どんな種類の調査があるのか

　労働基準監督署の調査には、定期監督、申告監督、災害時監督、再監督があります。

　定期監督は、労働基準監督署が定期的な計画により実施している調査をいいます。管内の事業場から調査対象とする事業場を選択した上で調査をします。定期監督の場合には、あらかじめ調査対象の事業場に対し、調査予定日を予告する場合もありますが、予告なく突然に立ち入り調査をする場合もあります。そのような場合であっても、事業者は原則として調査を拒否することはできません。

　申告監督とは、労働者からの申告があった場合の調査です。労働者の氏名は公表されません。この場合は、労働者からあらかじめ申告を受けた事業者の違反内容を正確に確認することを目的とした調査であることから、他の調査の場合よりも、より厳格に調査される場合が多いようです。

　災害時監督とは、ある一定の規模以上の労働災害があった場合に、その原因究明や再発防止のために実施される調査をいいます。

　再監督とは、労働基準監督署から是正勧告をうけた事業場に対し、法令違反の項目が改善されているかを確認する場合や、期日までに是正報告書を提出しない場合に行う再調査のことです。

調査の流れ

　労働基準監督署の調査の流れとしては、一般的には、最初に予告があり、その後に調査、是正勧告書や指導票などの交付、最後に是正報告書や指導報告書の提出、という流れになります。

　労働基準監督署の調査開始予告については、①予告なく労働基準監督官が事業場にやってくる場合、②事前に予告して事業場に来る場合、③出頭要求書が届く場合があります。労働基準監督官が予告をせずに事業場に調査に来た場合でも、原則として調査を拒否することはでき

ません。事前予告があった場合には、事業場は、調査当日に必要な書類や帳簿などをあらかじめ用意し、調査当日の準備をしておく必要があります。出頭要求書が届いた場合には、事業場の代表者が、必要書類を持参し、労働基準監督署へ出頭します。

事前予告の後、実際に行われる調査では、事業場内の立ち入り、労働関係帳簿の確認、事業主や担当責任者へのヒアリングなど、詳細に調査が行われます。たとえば、労働条件に関する調査を行う際には、時間外・休日・深夜の手当が正しく支払われているか、就業規則や三六協定などの届出が正しくされているか、労働者に労働条件を周知しているか、などについて詳しい調査が実施されます。

労働基準監督署から是正勧告書や指導票を交付されたら

調査の結果、事業場に法令違反があった場合、是正勧告書が交付されます。また、法令違反ではないものの、改善が必要であると判断された場合には、指導票が交付されます。

是正勧告書や指導票が交付された場合には、事業主はその期日までに違反項目を改善し、是正報告書または指導報告書を必ず提出しなければなりません。指定された期日に間に合わない場合には、労働基準監督官に速やかに相談することが必要です。期日延長について、合理的な理由があると判断された場合には、指定期日を延長できる場合もあります。

是正勧告のような行政指導には法的な強制力はありません。しかし事業者が是正勧告に応じることなく、法令違反の内容につき改善をしない場合や、是正報告書を提出しない場合には、再監督がなされる他、より悪質であると判断された場合には、司法処分である書類送検がなされる場合や、悪質な場合は逮捕・勾留がなされることもあります。事業者は、指導や是正勧告を受けた場合には、誠実に対応することが必要です。

2 労働トラブルの解決法

どんなトラブルがあるのか

　使用者と労働者の間で起きる紛争やトラブルには、個別労働紛争と集団的労使紛争があります。**個別労働紛争**とは、使用者と個々の労働者との間の個別的な関係における、労働条件や職場環境などをめぐって生じたトラブルをいいます。たとえば、賃金や未払残業代の問題、解雇や配置転換についてのトラブル、パワハラに関する問題など、さまざまなトラブルがあります。

　個別労働紛争の解決を望む労働者としては、まず都道府県の労働局が行っている個別労働紛争あっせん制度を利用することができます。紛争の内容にあわせて、紛争解決援助制度を利用することも可能です。これらの制度は、期日や回数の制限などはなく、迅速で費用もかからずに利用することができるため、労働者の負担が小さいというメリットがあります。ただし、労働者にとって、これらの制度が十分に認知されているとはいえないため、利用頻度はあまり多くないという問題点もあります。

　そこで、労使関係のトラブルを抱える労働者は、弁護士などの専門家に相談して、最終的には裁判所を利用して訴訟などによって解決を図る場合もあります。また、裁判所では、訴訟に至る前の段階で、労働審判や調停手続きを利用することによって、解決が図られる場合も少なくありません。これらについては、労働者も比較的認知しており、紛争解決能力も高いといえます。しかし、専門家への相談や裁判所での手続きの利用には、相応の費用がかかることにも注意しなければなりません。

　一方、**集団的労使紛争**とは、労働組合などの労働者の利益を代表す

● 労働トラブルに遭った場合

労使間のトラブル
- **個別労働紛争**：使用者と個々の労働者との間の労働条件などに関するトラブル
  - 労働局……個別労働紛争あっせん制度、紛争解決援助制度
  - 弁護士などに相談
  - 裁判所………………労働審判、労働調停
- **集団労使紛争**：労働組合と使用者との間の労働条件などに関するトラブル
  - 労働者は基本的に労働組合を通じて行動
    ⇒労働組合が労働委員会への申立てを行う場合もある

る労働者団体と使用者との間で生じた、労働条件や労使関係に関するトラブルです。たとえば賃上げや退職金などの賃金に関する紛争や、労働時間、休日などの労働条件に関する紛争、労働協約や団体交渉などに関するトラブルがあります。

個別労働紛争あっせんとは

　個別労働紛争あっせんとは、紛争当事者である労働者と使用者の間に、弁護士や専門家等の学識経験者である第三者が入り、公平かつ公正な判断に基づき、双方の話し合いを促進することにより、迅速かつ円満に紛争の解決を図る行政による紛争解決制度です。両当事者が希望した場合は、あっせん案を提示することができ、提示されたあっせん案が受諾された場合は、そのあっせん案は民法上の和解と同じ効力を持ちます。都道府県労働局ごとに設置された紛争調整委員会は、弁護士や大学教授等の労働問題の専門家である学識経験者により組織されており、この委員の中から指名されたあっせん委員が紛争の解決に向けてあっせんを行います。

　個別労働紛争あっせんの場合は、裁判に比べて手続きが迅速かつ簡易で費用もかかりません。手続きは非公開であり、あっせんを申請した当事者のプライバシーは保護されています。さらに、労働者があっ

せんの申請をしたことを理由として、事業主が労働者に対して解雇その他不利益な取扱いをすることは禁止されています。

紛争解決援助制度とは

　紛争解決援助制度とは、都道府県労働局が雇用環境・雇用均等部（室）を設けて、都道府県労働局長による紛争解決の援助や、調停委員による調停手続きにより、労働者と使用者との間のトラブル解決をめざす制度です。労働者・使用者の一方、あるいは双方が申し立てることによって、利用することができます。

　援助の申立てを受けた場合、都道府県労働局長は、助言や指導・勧告などを行い、紛争解決のための援助を行います。また、当事者の希望に合わせて、第三者機関としての調停委員を介入させ、個別労働紛争あっせんと同様の調停手続きが行われる場合もあります。

　もっとも、紛争解決援助制度については、対象になる紛争が以下のように限定されていますので、注意が必要です。

・男女雇用機会均等法に基づく事項に関する紛争

　性別に基づき、採用・昇進などの待遇、婚姻・出産による不利益な取扱いがなされた場合などに関するトラブルについて、援助の申立てを行うことができます。また、セクハラを受けた労働者についても、男女雇用機会均等法は、セクハラの防止のための措置について規定を置いていますので、援助の対象に含まれます。

・育児・介護休業法に基づく事項に関する事項に関する紛争

　たとえば育児休業を取得したことにより、職種が変更されたなど、不利益な取扱いが行われた場合に援助の申立てを行うことができます。また、上記以外にも、広くマタハラ（⇨ P.180 参照）が行われた場合には、労働者は援助の申立てを行うことが認められています。

・パートタイム・有期雇用労働法に基づく事項に関する紛争

　パートタイム・有期雇用労働法は、パートタイム労働者や有期雇用

● 労働審判

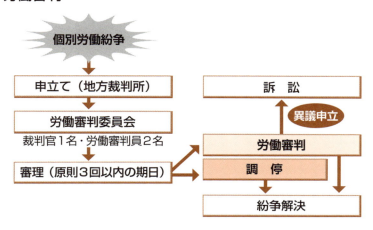

労働者について、職務内容などが正社員と実質的に異ならないパートタイム労働者や有期雇用労働者に対する差別的な取扱いを禁止しています。たとえば、正社員と同一の業務に就いているパートタイム労働者が、正社員への転換を希望しているにもかかわらず、適切な理由もなく会社がこれを拒否している場合などにおいて、パートタイム労働者は援助の申立てを行うことができます。

労働審判とは

労働審判は民事訴訟以外の司法上の手続であり、解雇の問題や未払い残業代の請求、過労死による損害賠償請求など、使用者と個々の労働者との間で生じた労働問題に関する個別労働紛争を専門的かつ迅速、柔軟に解決することを目的とした制度です。

裁判官1人に加え、労使それぞれの代表として民間から推薦された専門的知識を有する2名の労働審判員の計3名で構成された労働審判委員会により紛争の審理が行われます。労働審判は、原則として3回以内の期日で審理を行い、適宜調停を試みますが、調停により解決できない場合には、労働審判が行われます。

3 労働組合との交渉

法律は労働組合についてどんなことを規定しているのか

　日本国憲法の定めにより、労働者には団結する権利、使用者に対して団体交渉を行う権利、労働問題に関しストライキ等の争議行為をする権利が認められており、これらの権利は**労働三権**と呼ばれます。

　労働組合は、労働者が団結して使用者と交渉をし、労働者の地位向上や職場環境の改善を目的として労働三権の実現をめざし、自主的に活動をする労働者主体の組織です。労働組合法により、労働者には団結する権利や使用者と労働協約を締結する権利などが与えられ、使用者に対しては、団体交渉を行うことを正当な理由もなく拒否することや、労働組合や労働組合員に対し不利益な扱いをすることを**不当労働行為**として禁止しています。不当労働行為の例として、労働組合に加入したり労働組合の活動に参加したことを理由に、労働者を解雇することや、労働組合に加入しないことや、すでに加入している労働組合からの脱退などを雇用条件にする場合などが挙げられます。

労働組合とは

　個々の企業やそのグループ企業の労働者だけを中心に組織されたものを**企業内組合**といいます。企業内組合は、各企業における職場環境の改善や、労働者の労働条件の向上などについて取り組んでいます。

　一方で、同一の産業に従事する労働者が加入する産業別組合や、同一の職業に従事する労働者が広い地域で組織する職業別組合、所属企業を問わずに個人単位で加盟できるユニオン・合同労働組合などの**企業外組合**があります。使用者は、社内に労働組合がない場合であっても、合同労働組合のような企業外組合と交渉する場合もあります。

● 労働組合

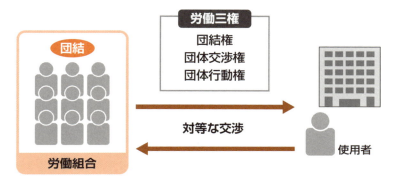

管理職は組合に加入できないのか

　取締役などの役員や、労働者の人事権を有する監督的地位にあるような管理者は、労働組合法の保護を受ける労働組合には加入することはできません。しかし、部長や課長のように、一般的には管理職という名称であっても、経営者と一体的な管理者ではないような場合には、本来は労働組合に加入することができます。ただし、実際には、労働組合が組合員の資格を一定の職制以下の者に限定している場合が多いため、管理職の地位にある者は、労働組合に加入できない場合が一般的です。その場合には、管理職が1人でも加入できる合同労組に加入することが可能です。

会社側が交渉する際に気を付けること

　使用者は労働組合による団体交渉の申入れには誠実に応じなければならず、正当な理由なく交渉を拒むことは不当労働行為として、労働組合法で禁止されています。使用者は、労働審判や訴訟の最中であっても、団体交渉に応じる義務があります。しかし、就業時間中に団体交渉を開催するよう要求された場合や、法律に沿わない主張をされた場合には応じる必要はないとされています。

working方改革法を知る！
新しい労働基準法のしくみ

2019年4月12日　第1刷発行

編　者　デイリー法学選書編修委員会
発行者　株式会社　三省堂　代表者　北口克彦
印刷者　三省堂印刷株式会社
発行所　株式会社　三省堂
　　　　〒101-8371　東京都千代田区神田三崎町二丁目22番14号
　　　　電話　編集 (03) 3230-9411　営業 (03) 3230-9412
　　　　https://www.sanseido.co.jp/

〈DHS 労働基準法・224pp.〉

©Sanseido Co., Ltd. 2019　　　　　　　　　　　Printed in Japan
落丁本・乱丁本はお取り替えいたします。

本書を無断で複写複製することは、著作権法上の例外を除き、禁じられています。
また、本書を請負業者等の第三者に依頼してスキャン等によってデジタル化する
ことは、たとえ個人や家庭内での利用であっても一切認められておりません。

ISBN978-4-385-32007-6